GP Paper

# Liberati dai Guru:
# Una Guida Pratica per Costruire il
# Tuo Successo Aziendale

### Strategie Efficaci per Guidare il Tuo Business senza Cadere nelle Trappole dei Guru del Business

# Indice

Riflessioni finali e incoraggiamento a perseguire il successo aziendale con fiducia e indipendenza.

# Introduzione

Nel vivace e talvolta caotico mondo del business moderno, la figura del "guru" del business ha assunto un ruolo quasi mitico. Con promesse di successo rapido e strategie infallibili, questi esperti auto-dichiarati sembrano offrire la chiave per il trionfo imprenditoriale. Tuttavia, la realtà è spesso ben diversa. Questo libro nasce dalla necessità di fornire agli imprenditori, sia emergenti sia affermati, un sentiero alternativo: basato sull'autonomia, sull'auto-riflessione critica e sullo sviluppo di una strategia aziendale genuina e personalizzata.

In queste pagine, non troverai formule magiche o scorciatoie per il successo. Invece, ti offriamo un approccio olistico e realistico per costruire e sviluppare la tua impresa. Esploreremo insieme, alle tue possibilità, la tua intelligenza e il tuo impegno come navigare nel mondo degli affari, sfruttando al meglio le tue risorse uniche e adattando le strategie al contesto specifico del tuo settore e della tua visione imprenditoriale.

La prima parte del libro si concentra sui fondamenti del successo aziendale indipendente. Cominceremo con l'auto-analisi, invitandoti a esplorare profondamente te stesso e la tua impresa. Questo processo di introspezione è vitale: per guidare efficacemente un'azienda, devi prima comprendere chi sei come leader e cosa rappresenta la tua impresa. Successivamente, ci addentreremo nella pianificazione strategica, dove scoprirai l'importanza di una visione a lungo termine, e come questa possa essere articolata e raggiunta attraverso passi concreti e misurabili.

La seconda parte del libro si dedica allo sviluppo di competenze chiave. Qui, discuteremo come puoi esercitare una leadership autentica e solida, sviluppare strategie di marketing efficaci che vanno oltre la semplice vendita di prodotti o servizi, e gestire le finanze aziendali in modo intelligente e consapevole.

La terza parte si focalizza sulle strategie operative. Tratteremo l'ottimizzazione dei processi aziendali per migliorare l'efficienza e l'efficacia, l'importanza dell'innovazione e della creatività per rimanere competitivi, e come costruire e gestire una squadra vincente che sia in linea con la cultura e gli obiettivi della tua azienda.

Nella quarta parte, ci concentreremo sulla crescita e lo sviluppo del tuo business. Esploreremo come puoi espandere la tua impresa in modo sostenibile, costruire reti e collaborazioni strategiche, e portare il tuo business oltre i confini nazionali attraverso l'internazionalizzazione.

Infine, nella quinta e ultima parte, affronteremo le sfide che ogni imprenditore deve inevitabilmente incontrare. Questo include la gestione delle crisi, l'importanza di operare con etica e responsabilità sociale, e come evitare le trappole e le false promesse dei guru del business, mantenendo un approccio critico e indipendente.

Questo libro non è solo una guida pratica, ma anche una fonte di ispirazione per tutti coloro che desiderano costruire il proprio successo aziendale in modo autonomo e sostenibile. Attraverso studi di caso, e una serie di strategie collaudate, ti guideremo passo dopo passo verso il raggiungimento dei tuoi obiettivi imprenditoriali, incoraggiandoti a perseguire il successo con fiducia, integrità e indipendenza.

# Parte I

----

# Fondamenti del Successo Aziendale Indipendente

Benvenuto nel primo passo fondamentale del tuo viaggio imprenditoriale: la scoperta di te stesso e della tua impresa. In questo capitolo, ti guiderò attraverso il processo di auto-analisi, una tappa cruciale per qualsiasi imprenditore. Questo percorso di scoperta personale e professionale non è solo un esercizio di introspezione; è un'indagine essenziale che getta le basi per il successo e la crescita sostenibile della tua azienda.

# 1.1. Auto-Analisi: Conoscere Te Stesso e la Tua Impresa

## Il Potere dell'Auto-Conoscenza

Iniziamo con un principio fondamentale: conoscere te stesso è il primo passo per guidare efficacemente un'impresa. Questo viaggio inizia con domande semplici ma profonde. Chi sei come individuo? Quali sono i tuoi valori, le tue passioni, i tuoi punti di forza e le tue debolezze? La risposta a queste domande influenza ogni decisione che prendi come imprenditore. Una comprensione chiara di te stesso ti permette di affrontare sfide, cogliere opportunità e guidare la tua impresa con autenticità e fiducia.

## Rifletti sulle Tue Motivazioni

Perché hai scelto di intraprendere questo percorso imprenditoriale? Questa riflessione non riguarda solo i tuoi obiettivi finanziari, ma anche le tue aspirazioni più profonde. Forse è il desiderio di innovare, di fare la differenza, o di esprimere la tua creatività. Comprendere le tue motivazioni autentiche è essenziale per rimanere ispirato e motivato, specialmente nei momenti di difficoltà.

## Conoscere la Tua Impresa

Ora, volgiamo lo sguardo verso la tua impresa. Qual è la missione che la guida? Quali sono i valori fondamentali che definiscono la sua cultura? Riflettere su questi aspetti ti aiuta a costruire un'azienda che non solo mira al successo commerciale ma rispecchia anche chi sei. Questa coerenza tra i tuoi valori personali e quelli aziendali è cruciale per creare un'identità aziendale forte e autentica.

## Valuta le Tue Competenze

Come leader, possiedi una combinazione unica di competenze e abilità. È importante identificarle e capire come possono essere applicate e sviluppate all'interno del contesto aziendale. Allo stesso tempo, riconoscere le aree in cui non eccelli è altrettanto importante. Questa onestà ti permette di delegare, costruire un team complementare e concentrarti sulle tue vere forze.

## Allineamento tra Obiettivi Personali e Aziendali

Infine, esploriamo l'allineamento tra i tuoi obiettivi personali e quelli della tua impresa. Questo allineamento è la chiave per un'esperienza imprenditoriale gratificante. Quando i tuoi obiettivi personali si intrecciano armoniosamente con quelli aziendali, trovi una fonte di energia e motivazione che va oltre il successo finanziario.

Attraverso questo capitolo, ti invito a intraprendere questo viaggio di auto-scoperta con apertura e sincerità. Le tue scoperte qui non solo influenzeranno la tua crescita personale, ma daranno anche forma e direzione al futuro della tua impresa. Questo processo di auto-analisi è il primo, cruciale passo verso la creazione di un'impresa che non solo sopravvive, ma prospera in modo autentico e significativo.

# 1.2. Pianificazione Strategica: Creare una Visione a Lungo Termine

Nel mondo imprenditoriale dinamico e in rapida evoluzione di oggi, la pianificazione strategica non è solo un vantaggio, ma una necessità. In questo secondo capitolo, esploreremo come trasformare le tue aspirazioni in una visione a lungo termine per la tua impresa e sviluppare un piano strategico per realizzarla. Questo processo è fondamentale per assicurare che la tua azienda non solo sopravviva ma prosperi negli anni a venire.

### La Visione: Il Tuo Faro Guida

La visione è il cuore della tua strategia aziendale. È una descrizione chiara e ispiratrice di ciò che aspiri a realizzare nel futuro. Una visione efficace va oltre i semplici obiettivi finanziari; è una rappresentazione olistica del futuro che vuoi creare per la tua impresa. La tua visione dovrebbe ispirare, motivare e guidare ogni decisione aziendale.

### Sviluppare Obiettivi a Lungo Termine

Dalla tua visione, derivano gli obiettivi a lungo termine della tua azienda. Questi obiettivi dovrebbero essere ambiziosi ma realistici, fornendo una direzione chiara per il futuro. Importante è che siano specifici, misurabili, raggiungibili, rilevanti e temporizzati (SMART). Questi obiettivi ti aiutano a tracciare il progresso e mantengono la tua impresa allineata con la tua visione.

## La Pianificazione: Mappare il Percorso

Con una visione e degli obiettivi chiari, il passo successivo è sviluppare un piano per raggiungerli. Questo piano d'azione dettagliato dovrebbe delineare le strategie e le tattiche specifiche che utilizzerai, identificare le risorse necessarie e definire i tempi. Un buon piano tiene conto non solo delle opportunità ma anche dei potenziali ostacoli, e include piani contingenti per affrontare l'incertezza.

## Analisi SWOT: Comprendere il Tuo Ambiente

Un elemento chiave della pianificazione strategica è l'analisi **SWOT** (Strengths, Weaknesses, Opportunities, Threats). Questo strumento ti aiuta a capire le tue forze interne e le debolezze, nonché le opportunità e le minacce esterne. Una buona analisi SWOT fornisce una base solida per il tuo piano strategico, assicurando che tu sia ben posizionato per sfruttare le opportunità e mitigare i rischi.

## Monitoraggio e Adattamento

Un piano strategico non è un documento fisso; è un piano vivente che richiede un monitoraggio e un aggiustamento costante. È essenziale stabilire indicatori di performance chiari per valutare il progresso verso i tuoi obiettivi. Essere disposto ad adattare e modificare il tuo piano in risposta a nuove informazioni e cambiamenti nel mercato è cruciale per il successo a lungo termine.

Attraverso questo capitolo, ti guido nel creare una visione solida e un piano strategico robusto per la tua impresa. Questo processo non solo assicura che la tua azienda sia ben posizionata per il futuro, ma ti fornisce anche una strada chiara e uno scopo definito. Con una pianificazione strategica efficace, sarai in grado di navigare con fiducia in un ambiente di business in continua evoluzione, mantenendo il tuo focus sulla tua visione a lungo termine.

# 1.3. Comprendere il Tuo Mercato: Ricerca e Analisi

In questo capitolo ci concentreremo su uno degli aspetti più critici del successo imprenditoriale: comprendere il tuo mercato. Questo capitolo ti guiderà attraverso il processo di ricerca e analisi del mercato, fornendo strumenti e tecniche per acquisire una comprensione approfondita del contesto in cui opera la tua impresa. Esempi pratici ti aiuteranno a vedere come queste strategie si traducono nel mondo reale.

## La Ricerca di Mercato: Il Tuo Punto di Partenza

Prima di tutto, devi sapere chi sono i tuoi clienti. Ad esempio, se gestisci un'azienda di software educativo, il tuo pubblico target potrebbe essere costituito da istituzioni educative, insegnanti e forse anche genitori. Comprendere le loro esigenze, preferenze e comportamenti è fondamentale.

### Raccogliere Dati Primari e Secondari

I dati primari sono quelli che raccogli direttamente tramite sondaggi, interviste, focus group. I dati secondari provengono da fonti esterne come studi di settore, rapporti di ricerca, pubblicazioni del governo.

*Esempio:*
Un'azienda di abbigliamento potrebbe raccogliere dati primari tramite sondaggi sulle preferenze di stile e comfort dai suoi clienti, mentre utilizza dati secondari per capire le tendenze del settore della moda.

## Analisi della Concorrenza: Capire Chi Stai Affrontando

*Identificazione dei Concorrenti:* Elencare i principali concorrenti nel tuo mercato. Se gestisci un ristorante vegano, i tuoi concorrenti potrebbero essere altri ristoranti vegani nella tua area, ma anche ristoranti che offrono opzioni vegane.
*SWOT dei Concorrenti:* Analizzare i punti di forza, debolezza, opportunità e minacce dei tuoi concorrenti. Per esempio, un concorrente potrebbe avere un forte brand ma una debole presenza online, offrendoti l'opportunità di eccellere nel marketing digitale.

## Tendenze di Mercato e Previsioni

*Stare al Passo con le Tendenze:* È essenziale essere consapevoli delle tendenze correnti e emergenti. Nel settore tecnologico, ad esempio, questo potrebbe significare tenersi aggiornati su nuove tecnologie come l'intelligenza artificiale o il cloud computing.

*Previsioni di Mercato*: Basandoti su dati storici e tendenze attuali, prova a prevedere dove andrà il mercato. Per esempio, un'azienda che produce bevande potrebbe prevedere una crescente domanda di opzioni salutari basandosi sulle tendenze attuali.

## Segmentazione del Mercato e Posizionamento

*Segmentazione*: Dividere il mercato in gruppi più piccoli con esigenze, desideri o caratteristiche simili. Ad esempio, un negozio di abbigliamento potrebbe segmentare i suoi clienti in base all'età, allo stile di vita o ai livelli di reddito.

*Posizionamento*: Decidere come vuoi che il tuo prodotto o servizio sia percepito nel mercato. Se vendi cosmetici di lusso, potresti posizionarti come un marchio premium con enfasi sulla qualità e sull'esclusività.

## Utilizzare i Dati per Guidare le Decisioni

*Analisi dei Dati*: Utilizzare tecniche di analisi per interpretare i dati raccolti. Questo potrebbe includere l'analisi statistica, la modellazione predittiva o anche l'analisi qualitativa dei feedback dei clienti.

*Prendere Decisioni Basate sui Dati*: Usa le informazioni raccolte per disporre le tue strategie di business. Se l'analisi mostra che i tuoi clienti sono fortemente influenzati dai social media, potresti decidere di investire maggiormente in marketing sui social.

Attraverso questo capitolo, ti fornirò gli strumenti e le competenze necessarie per condurre una ricerca di mercato efficace e analizzare i dati raccolti. Questa comprensione ti consentirà di prendere decisioni informate, anticipare i cambiamenti nel mercato e posizionarti strategicamente per il successo a lungo termine.
Condurre una ricerca di mercato efficace e analizzare i dati raccolti richiede un insieme di strumenti e competenze specifici. Ecco di seguito un elenco dettagliato degli strumenti e delle competenze necessarie per questo processo

## Strumenti per la Ricerca di Mercato

*Software di Sondaggi e Questionari*: Strumenti come **SurveyMonkey**, **Google Forms** o **Qualtrics** sono essenziali per creare e distribuire sondaggi. Questi strumenti offrono una varietà di opzioni di domande e consentono di analizzare facilmente i risultati.

*Piattaforme di Analisi dei Social Media*: Strumenti come **Hootsuite, Buffer,** o **Sprout Social** possono aiutarti a monitorare le menzioni del tuo brand, comprendere il sentiment del pubblico e analizzare i trend sui social media.

*Database e Fonti di Dati Secondari*: Accesso a database come **Statista, IBISWorld,** o rapporti di settore per raccogliere dati secondari affidabili.

*Strumenti di Analisi Web e SEO*: **Google Analytics, SEMrush** o **Ahrefs** sono importanti per analizzare il traffico del sito web, le parole chiave di ricerca e il comportamento degli utenti online.

*Software di Visualizzazione dei Dati*: Strumenti come **Tableau** o **Microsoft Power BI** per creare visualizzazioni di dati e dashboard interattivi che facilitano l'interpretazione dei dati.

*Strumenti di CRM (Customer Relationship Management)*: Piattaforme come **Salesforce** o **HubSpot** per raccogliere e analizzare dati sui clienti.

## Competenze Necessarie

*Capacità di Definire Obiettivi di Ricerca*: Comprendere chiaramente cosa vuoi scoprire attraverso la tua ricerca di mercato e definire obiettivi specifici.

*Progettazione di Sondaggi e Questionari*: Capacità di formulare domande di sondaggio efficaci che siano chiare, imparziali e che portino a dati utili.

*Analisi Statistica e Interpretazione dei Dati:* Competenze di base in statistica per analizzare i risultati dei sondaggi, comprendere le tendenze e fare inferenze significative.

*Capacità di Sintesi e Presentazione dei Dati:* Abilità nel sintetizzare grandi volumi di dati in informazioni comprensibili e actionable, e capacità di presentarle in modo efficace.

*Comprensione del Comportamento del Consumatore*: Conoscenza di come i clienti pensano, sentono e prendono decisioni, per interpretare correttamente i dati raccolti.

*Competenze in SEO e Analisi Web:* Conoscenza delle tecniche SEO e capacità di analizzare dati web per comprendere il comportamento online e le preferenze dei clienti.

*Gestione e Analisi dei Dati CRM*: Capacità di utilizzare i dati CRM per analizzare le tendenze dei clienti e le interazioni con il brand.

*Soft Skills*: Comunicazione efficace, pensiero critico e attenzione ai dettagli sono essenziali per interpretare e comunicare i risultati della ricerca.

*Esempi:*

*Analisi di Tendenza*: Utilizzare **Google Trends** e strumenti di analisi dei social media per identificare le tendenze emergenti nel tuo settore.

*Segmentazione del Cliente*: Utilizzare i dati CRM per segmentare i clienti in base al comportamento, alle preferenze di acquisto e ad altri criteri.

*Sondaggi e Feedback*: Condurre sondaggi regolari per raccogliere feedback sui prodotti e servizi e utilizzare strumenti statistici per analizzare i risultati.

Incorporando questi strumenti e sviluppando queste competenze, sarai in grado di condurre una ricerca di mercato approfondita e utilizzare i dati raccolti per informare le strategie aziendali e prendere decisioni basate su informazioni concrete.

# Parte II

----

# Sviluppare Competenze Chiave

In questa seconda parte del libro, ci concentriamo sullo sviluppo di competenze chiave che sono essenziali per ogni imprenditore. Queste competenze non riguardano solo la gestione efficace della tua impresa, ma anche la creazione di un ambiente di lavoro positivo e un marchio di successo. Esploreremo l'importanza della leadership autentica, del marketing efficace e di una gestione finanziaria intelligente.

# 2.2. Leadership Autentica: Guidare con Integrità

In questo capitolo, esploreremo il concetto di leadership autentica, una qualità cruciale per ogni leader aziendale di successo. Una leadership autentica non è solo gestire una squadra o un'azienda; è guidare con integrità, trasparenza e una forte consapevolezza di sé.

**Comprendere la Leadership Autentica: Cosa Significa Essere un Leader Autentico?**

Essere un leader autentico significa molto più che guidare un team o gestire un'azienda; è un approccio alla leadership radicato nell'onestà, nella trasparenza e in una profonda consapevolezza di sé.

### Un leader autentico

*Agisce con Integrità*: Un leader autentico è fedele ai propri valori e principi, anche quando questo può essere difficile o impopolare. Questo comportamento guadagna rispetto e fiducia da parte del team.
*È Consapevole di Sé*: Ha una chiara comprensione dei propri punti di forza e debolezze, lavorando costantemente per migliorare e adattarsi.
*Pratica l'Ascolto Attivo*: Ascolta sinceramente le idee e i feedback di altri, mostrando rispetto per le diverse opinioni e contributi.

*Dimostra Empatia e Compassione*: Comprende e si relaziona con le sfide personali e professionali del suo team, creando un ambiente di lavoro di supporto.

*Promuove l'Autenticità negli Altri*: Incoraggia i membri del team a essere anch'essi autentici, favorendo un ambiente in cui tutti si sentono valorizzati e capiti.

## La leadership autentica può trasformare radicalmente la cultura aziendale

*Crea un Ambiente di Lavoro Positivo:* Quando un leader è autentico, trasparente e aperto, questo approccio si riflette in tutta l'organizzazione, creando un ambiente di lavoro positivo e collaborativo.

*Favorisce la Fiducia e il Rispetto*: La coerenza e l'integrità del leader autentico costruiscono fiducia e rispetto, fondamentali per un ambiente di lavoro sano.

*Incoraggia l'Innovazione e la Creatività:* I leader autentici incoraggiano il rischio calcolato e l'esplorazione di nuove idee, promuovendo l'innovazione e la creatività.

# Motivazione del Team e Successo Complessivo dell'Impresa

La leadership autentica ha un impatto diretto sulla motivazione del team e sul successo dell'azienda

*Migliora l'Engagement del Team:* Un leader che dimostra cura e interesse per il benessere del suo team aumenta il livello di engagement e soddisfazione lavorativa.

*Riduce il Turnover dei Dipendenti:* La fedeltà e il rispetto guadagnati tramite un approccio autentico riducono il turnover dei dipendenti, conservando talenti preziosi all'interno dell'azienda.

*Guida al Successo Aziendale:* Un team motivato e impegnato, guidato da un leader autentico, è più propenso a raggiungere e superare gli obiettivi aziendali, portando al successo complessivo dell'impresa.

In conclusione, la leadership autentica non è solo un tratto desiderabile; è un elemento cruciale per costruire una cultura aziendale forte, motivare i team e guidare l'intera impresa verso il successo. Attraverso l'autenticità, i leader possono creare un impatto duraturo e positivo sull'ambiente lavorativo e sui risultati aziendali.

# Sviluppare Integrità e Trasparenza

*L'Importanza dell'Integrità e della Trasparenza:*
Nel mondo degli affari, l'integrità e la trasparenza non sono solo questioni etiche, ma elementi fondamentali per costruire fiducia, credibilità e relazioni durature sia con i dipendenti che con i clienti. Ecco di seguito perchè:

*Integrità:* Essere conosciuti per la propria integrità significa che gli altri si fidano delle tue azioni e delle tue parole. Questo si traduce in rispetto e lealtà, sia internamente (tra i membri del team) che esternamente (clienti e partner).
*Trasparenza:* La trasparenza nelle pratiche aziendali favorisce un ambiente di apertura e onestà. Questo non solo aumenta la fiducia dei dipendenti, ma migliora anche la reputazione dell'azienda nel mercato.

## Strategie per Incorporare Integrità e Trasparenza

*Comunicazione Aperta e Onesta:* Promuovi una cultura di comunicazione aperta. Sii onesto anche quando le notizie non sono positive. Per esempio, se ci sono cambiamenti aziendali che potrebbero impattare i dipendenti, discutili apertamente anziché lasciare che circolino voci.

*Consistenza nelle Azioni e nelle Parole:* Assicurati che le tue azioni riflettano sempre i tuoi discorsi. Se predichi l'importanza del work-life balance, ad esempio, incoraggia attivamente questo equilibrio nella cultura del lavoro.

*Processi Decisionali Inclusivi:* Coinvolgi i membri del team nelle decisioni, soprattutto quelle che li influenzano direttamente. Questo non solo aumenta la trasparenza, ma valorizza anche le loro opinioni e idee.

*Feedback Costruttivo e Regolare:* Fornisci feedback regolari e costruttivi. Non nascondere le aree di miglioramento, ma affrontale in modo aperto e supportivo.

*Admit Mistakes and Learn from Them:* Quando si commettono errori, ammettili apertamente e prendi misure correttive. Questo dimostra che l'integrità è più importante dell'orgoglio o della percezione.

*Politiche di Trasparenza:* Stabilisci politiche aziendali che supportino la trasparenza, come accesso aperto alle informazioni aziendali pertinenti e canali di comunicazione chiari.

*Modello di Leadership:* Sii un esempio di integrità e trasparenza. La tua condotta influenzerà la cultura aziendale più di qualsiasi politica o dichiarazione.

*Revisioni Regolari e Valutazioni:* Implementa revisioni regolari delle pratiche aziendali per garantire che rimangano in linea con i valori di integrità e trasparenza.

*Un Esempio di Integrità e Trasparenza:*
Prendiamo il caso di una società tecnologica che ha dovuto affrontare un grave bug nel proprio software. Invece di cercare di minimizzare il problema o di nasconderlo, la leadership ha scelto di informare immediatamente i clienti, spiegando l'entità del problema e le misure adottate per risolverlo. Inoltre, hanno offerto supporto aggiuntivo per aiutare i clienti a gestire qualsiasi inconveniente causato. Questo approccio ha non solo risolto il problema in modo efficace, ma ha anche rafforzato la fiducia dei clienti nell'azienda.

In conclusione, sviluppare integrità e trasparenza nella leadership non è solo una questione di etica, ma una strategia aziendale solida che costruisce fiducia, rispetto e lealtà duraturi, sia internamente che esternamente.

Questi valori sono fondamentali per creare un ambiente lavorativo positivo e per guidare l'impresa verso il successo a lungo termine.

## Costruire Relazioni di Fiducia

La costruzione di relazioni di fiducia è un aspetto cruciale per il successo di qualsiasi impresa. Quando si parla di leadership autentica, una delle sue più grandi forze è proprio la capacità di instaurare e mantenere la fiducia tra i dipendenti, i clienti e gli stakeholder. In questo segmento, esamineremo come la fiducia diventa la chiave per sbloccare il vero potenziale di un'impresa.

# L'Importanza della Fiducia nella Leadership

*Fiducia dei Dipendenti:* I dipendenti che si fidano della loro leadership tendono ad essere più impegnati, motivati e produttivi. La fiducia si traduce in un minor turnover e in un ambiente di lavoro più positivo, dove le persone si sentono valorizzate e ascoltate.

*Fiducia dei Clienti:* La fiducia dei clienti è fondamentale per la lealtà del marchio e la soddisfazione del cliente. I clienti che si fidano di un'azienda sono più inclini a ritornare, a spendere di più e a raccomandare l'azienda ad altri.

*Fiducia degli Stakeholder*: Gli stakeholder, come gli investitori, i partner e i fornitori, devono sentirsi sicuri della direzione e dell'integrità dell'azienda. Una leadership autentica garantisce trasparenza e affidabilità, fattori essenziali per mantenere relazioni positive e di lungo termine.

## Strategie per Costruire la Fiducia

*Comunicazione Aperta e Onesta:* La comunicazione regolare e trasparente è la base per costruire la fiducia. Essere aperti riguardo alle sfide, così come i successi, crea un clima di fiducia e onestà.

*Consistenza nelle Azioni:* La coerenza tra ciò che dici e ciò che fai rafforza la credibilità. Mantenere le promesse e agire in linea con i valori aziendali sono aspetti fondamentali.

*Mostrare Empatia e Comprendere le Esigenze Altrui:* Ascoltare e rispondere alle esigenze e preoccupazioni di dipendenti, clienti e stakeholder dimostra che li valuti e li rispetti, rafforzando la fiducia.

*Essere Responsabili:* Ammettere errori e prendere misure correttive quando necessario dimostra integrità. La responsabilità è un elemento potente nella costruzione della fiducia.

*Coinvolgimento e Feedback:* Coinvolgere attivamente dipendenti e clienti nelle decisioni aziendali e nel feedback aiuta a costruire un senso di appartenenza e fiducia.

*Esempi Pratici:*

*Un CEO di una startup tecnologica* condivide regolarmente aggiornamenti dettagliati sui progressi dell'azienda, incluse sfide e successi, stabilendo un dialogo aperto con il team e rafforzando la fiducia reciproca.

*Un'azienda di e-commerce* implementa un sistema di feedback dove i clienti possono esprimere le loro opinioni sui prodotti e servizi. Questa informazione viene utilizzata per apportare miglioramenti, dimostrando ai clienti che la loro opinione conta.

*Incontri Regolari con gli Stakeholder:* Una società di consulenza tiene incontri trimestrali con tutti gli stakeholder per discutere dello stato dell'azienda, dei piani futuri e per ascoltare suggerimenti e preoccupazioni.

In conclusione, costruire relazioni di fiducia attraverso una leadership autentica non è solo un modo per migliorare la cultura interna e la reputazione dell'azienda, ma è anche una strategia essenziale per il successo e la crescita a lungo termine dell'impresa. La fiducia è la colla che tiene insieme tutte le relazioni aziendali, e una volta stabilita, può diventare uno dei più grandi asset dell'azienda.

# 2.2. Marketing Efficace: Costruire Relazioni, Non Solo Vendite

Il marketing è un elemento vitale di ogni azienda. Tuttavia, il vero successo nel marketing va oltre la semplice vendita di prodotti o servizi; riguarda la costruzione di relazioni durature e significative.

## Principi di Marketing Relazionale

Il marketing relazionale rappresenta un cambio di paradigma rispetto ai tradizionali approcci di marketing. Invece di focalizzarsi esclusivamente sulle vendite immediate o sulle transazioni, il marketing relazionale punta a costruire relazioni a lungo termine con i clienti. Questo approccio può offrire benefici duraturi e significativi per un'impresa. Di seguito, esamineremo i principi fondamentali di questa strategia e perché è vantaggiosa.

## Definizione del Marketing Relazionale

Il marketing relazionale si basa sull'idea di creare, mantenere e potenziare relazioni forti e durature con i clienti e altri stakeholder. Questo approccio si concentra sull'interazione continua e l'engagement piuttosto che su singole transazioni.

# Perché le Relazioni con i Clienti Sono Così Importanti?

*Fidelizzazione del Cliente:* I clienti che hanno una relazione forte con un'azienda tendono a rimanere fedeli più a lungo. La fidelizzazione del cliente è spesso più economica e più redditizia rispetto all'acquisizione di nuovi clienti.

*Passaparola Positivo:* I clienti soddisfatti e fedeli sono più propensi a raccomandare l'azienda ad altri, ampliando la portata e l'efficacia del marketing senza costi aggiuntivi.

*Maggiore Valore di Vita del Cliente (Customer Lifetime Value, CLV):* Una relazione a lungo termine con i clienti può aumentare il loro valore nel corso del tempo, poiché acquistano più prodotti o servizi e rimangono fedeli all'azienda.

*Feedback e Miglioramento dei Prodotti:* Le relazioni continue con i clienti forniscono feedback preziosi che possono essere utilizzati per migliorare prodotti e servizi.

## Principi Chiave del Marketing Relazionale

*Ascolto Attivo:* Ascoltare e rispondere alle esigenze e ai feedback dei clienti è fondamentale. Ciò include la comprensione delle loro aspettative e la risposta a queste in modo tempestivo e appropriato.

*Personalizzazione:* Adattare l'esperienza e la comunicazione alle esigenze individuali dei clienti. Questo può includere offerte personalizzate, comunicazioni mirate e servizi su misura.

*Costruzione di Comunità:* Creare un senso di comunità tra i clienti attraverso social media, eventi, forum o programmi di fidelizzazione.

*Integrità e Affidabilità:* Mantenere un alto standard di onestà e affidabilità in tutte le interazioni con i clienti.

*Focus sul Servizio Clienti:* Fornire un servizio clienti eccezionale, andando oltre le aspettative per risolvere problemi e soddisfare i clienti.

*Esempio Pratico:*
Starbucks è un ottimo esempio di marketing relazionale. L'azienda non si concentra solo sulla vendita di caffè, ma cerca di creare un'esperienza unica per i clienti, trasformando i caffè in "terze case" accoglienti. Il loro programma di fedeltà, incentrato su ricompense personalizzate e offerte esclusive, è progettato per rafforzare le relazioni con i clienti e aumentare la frequenza delle visite.

In conclusione, il marketing relazionale va oltre la singola vendita per costruire relazioni di valore con i clienti. Questo approccio non solo migliora la fedeltà e la soddisfazione del cliente, ma è anche una strategia sostenibile per crescita e successo a lungo termine.

## Strategie di Marketing Centrate sul Cliente

In un mercato sempre più competitivo e saturo, le strategie di marketing centrate sul cliente diventano essenziali per distinguersi e costruire un marchio di successo. Questo approccio richiede di mettere il cliente al centro di ogni strategia di marketing, creando esperienze personalizzate e valorizzando il feedback dei clienti. Di seguito, esploriamo alcune strategie chiave per coinvolgere e fidelizzare i clienti.

*Ascoltare Attivamente i Feedback dei Clienti*

*Canali di Feedback Multipli:* Utilizza diversi canali, come sondaggi online, social media, e sistemi di recensione, per raccogliere feedback dei clienti. Assicurati che sia facile per i clienti lasciare il loro feedback.

*Analisi dei Feedback:* Non limitarti a raccogliere feedback; analizzali per individuare tendenze, problemi comuni e aree di miglioramento. Ad esempio, se i clienti in più occasioni lamentano la lentezza del servizio clienti, è un chiaro segnale che è necessario apportare cambiamenti.

*Agire sui Feedback:* Dimostra ai tuoi clienti che i loro feedback sono preziosi, agendo in base ai loro suggerimenti. Questo potrebbe comportare l'aggiornamento di un prodotto, il miglioramento di un servizio o l'implementazione di nuove politiche.

## Personalizzazione delle Esperienze di Marketing

*Segmentazione del Pubblico:* Divide il tuo pubblico in segmenti in base a caratteristiche come comportamento d'acquisto, preferenze, demografia. Questo permette di personalizzare la comunicazione in modo più efficace.

*Marketing One-to-One:* Crea messaggi marketing personalizzati che rispondano ai bisogni e alle preferenze specifiche di ogni cliente. Ad esempio, inviare offerte personalizzate basate sulle abitudini di acquisto passate può aumentare significativamente l'engagement.

*Utilizzo dei Dati per la Personalizzazione:* Sfrutta i dati raccolti dai clienti per personalizzare l'esperienza di shopping. Per esempio, Amazon utilizza i dati di navigazione e acquisto per raccomandare prodotti pertinenti ai suoi clienti.

## Creazione di Esperienze Cliente Memorabili

*Oltre il Prodotto*: Focalizzati su come puoi arricchire l'esperienza complessiva del cliente. Questo può includere un eccellente servizio clienti, un'esperienza di acquisto senza problemi e pacchetti o servizi aggiuntivi unici.

*Eventi e Coinvolgimento:* Organizza eventi, webinar o campagne interattive che coinvolgano i clienti e creino una connessione emotiva con il marchio.

*Storie di Successo dei Clienti:* Condividi storie di successo e testimonianze dei clienti per mostrare come il tuo prodotto o servizio abbia avuto un impatto positivo.

## Fidelizzazione e Programmi di Lealtà

*Programmi di Lealtà:* Sviluppa programmi di lealtà che ricompensino i clienti per la loro fedeltà continua. Questo può includere punti, sconti, offerte esclusive o accesso anticipato a nuovi prodotti.
*Comunicazione Post-Vendita:* Mantieni un dialogo con i clienti anche dopo la vendita. Questo può includere follow-up per assicurarsi che siano soddisfatti del prodotto, offerte di supporto, o suggerimenti per l'uso del prodotto.

## Misurazione e Ottimizzazione Continua

*Monitorare le Metriche Chiave:* Tieni traccia di metriche come il tasso di fidelizzazione dei clienti, il valore medio dell'ordine, e la soddisfazione del cliente per valutare l'efficacia delle tue strategie.
*Ottimizzazione Continua:* Sii pronto ad adattare e ottimizzare le tue strategie in base ai risultati e ai cambiamenti nel comportamento dei clienti.

In conclusione, un approccio di marketing centrato sul cliente richiede di ascoltare attivamente e rispondere ai bisogni e desideri dei clienti, personalizzando le esperienze di marketing

## Utilizzo delle Tecnologie di Marketing

Nell'era digitale, le tecnologie di marketing giocano un ruolo fondamentale nel migliorare le relazioni con i clienti e nell'ottimizzare l'efficacia delle campagne di marketing. La digitalizzazione ha aperto nuove frontiere per l'interazione con i clienti, permettendo alle aziende di comunicare in modi più personalizzati e misurabili. Vediamo come le tecnologie digitali e i social media possono essere sfruttati in questo ambito.

## Social Media per l'Engagement del Cliente

*Connessione Diretta con i Clienti:* Piattaforme come Facebook, Instagram, Twitter, LinkedIn e TikTok offrono un modo diretto per comunicare e interagire con i clienti. Attraverso i post, i commenti e le risposte dirette, le aziende possono costruire una relazione più personale e diretta.

*Ascolto Sociale*: L'ascolto sociale, ovvero il monitoraggio delle conversazioni sui social media riguardanti il tuo marchio, prodotti o settore, ti permette di raccogliere preziosi insight. Questi dati possono essere utilizzati per rispondere meglio alle esigenze dei clienti e per adattare le strategie di marketing.

*Campagne Mirate:* I social media offrono strumenti avanzati di targeting pubblicitario che permettono di raggiungere segmenti specifici di clienti con messaggi altamente personalizzati.

## Tecnologie di Marketing Automation

*Automazione del Marketing via Email*: Strumenti come **Mailchimp** o **HubSpo**t consentono di automatizzare le campagne email, segmentando il pubblico e personalizzando i messaggi in base al comportamento e alle preferenze dei clienti.

*Personalizzazione del Contenuto:* La marketing automation permette di creare percorsi personalizzati per i clienti sul tuo sito web o nelle tue app, offrendo contenuti e offerte rilevanti basate sulle loro interazioni passate.

*Analisi e Reporting:* Queste piattaforme offrono analisi dettagliate che possono aiutare a capire meglio l'efficacia delle campagne e il comportamento dei clienti.

# Piattaforme CRM per la Gestione delle Relazioni con i Clienti

*Gestione Integrata dei Dati del Cliente:* Strumenti CRM come **Salesforce** o **Zoho** CRM centralizzano i dati del cliente, fornendo una vista olistica delle interazioni con ciascun cliente.

*Personalizzazione delle Interazioni:* Utilizzando i dati CRM, le aziende possono personalizzare le comunicazioni e le offerte, rendendo ogni interazione più pertinente e personale.

**Miglioramento del Servizio Clienti:** Con un accesso facile ai dati dei clienti, i team di servizio possono fornire risposte più rapide e informate, migliorando l'esperienza complessiva del cliente.

## Intelligenza Artificiale e Machine Learning

*Chatbot e Assistenza Virtuale:* L'uso di **chatbot** basati sull'intelligenza artificiale sui siti web e sui canali di social media può migliorare l'efficienza del servizio clienti, fornendo risposte immediate e personalizzate 24/7.

*Analisi Predittiva:* L'IA e il machine learning possono essere utilizzati per analizzare grandi quantità di dati e prevedere tendenze e comportamenti dei clienti, aiutando le aziende a anticipare le esigenze e ad adattare le strategie di marketing di conseguenza.

*Esempio Pratico:*

Un esempio concreto è quello di un'azienda di e-commerce che utilizza i dati raccolti dai social media per personalizzare le offerte. Analizzando le interazioni dei clienti con i suoi post sui social media, l'azienda può identificare i prodotti che generano maggiore interesse e poi inviare offerte personalizzate tramite email o annunci mirati sui social media.

# 2.3. Finanza per Non Finanzieri: Gestire le Risorse con Saggezza

Anche se non sei un esperto di finanza, comprendere i fondamenti della gestione finanziaria è essenziale per il successo della tua impresa. In questa sezione del libro, il nostro obiettivo è fornirti le competenze e le conoscenze per diventare un leader più efficace, un marketer più intuitivo e un gestore finanziario più sagace, indipendentemente dal tuo background.

## Fondamenti della Gestione Finanziaria

La gestione finanziaria è cruciale per il successo e la sostenibilità di qualsiasi impresa. Essa implica la pianificazione, l'organizzazione, la direzione e il controllo delle risorse finanziarie. Qui introduciamo alcuni concetti base fondamentali: il bilancio, il conto economico e il flusso di cassa. Questi strumenti sono essenziali per prendere decisioni informate e gestire efficacemente le finanze aziendali.

## Bilancio

*Definizione*: Il bilancio è uno statement che mostra la posizione finanziaria di un'azienda in un dato momento. Esso elenca le attività (assets), le passività (liabilities) e il patrimonio netto (equity).

*Componenti Chiave:*
*Attività (Assets):* Risorse controllate da un'azienda, come denaro in banca, inventario, immobili e attrezzature.
*Passività (Liabilities):* Obblighi finanziari o debiti, come prestiti, ipoteche e fatture da pagare.
*Patrimonio Netto (Equity):* Valore residuo delle attività dopo aver dedotto le passività, rappresentante il "valore" dell'azienda per i proprietari o azionisti.

## Conto Economico

*Definizione*: Il conto economico, noto anche come stato dei risultati, è un report che mostra come i ricavi (revenues) si trasformano in utile netto (net income). Esso fornisce una panoramica della performance finanziaria di un'azienda in un certo periodo.

*Componenti Chiave:*
*Ricavi (Revenues):* Entrate totali generate dalla vendita di beni o dalla fornitura di servizi.
*Costi (Expenses):* Costi totali sostenuti per produrre beni o servizi.
*Utile Netto (Net Income):* Ricavi meno costi, rappresenta il profitto dell'azienda in quel periodo.

# Flusso di Cassa

*Definizione:* Il flusso di cassa è un report che analizza il movimento di cassa in entrata e in uscita dall'azienda. Esso è vitale per valutare la capacità di un'azienda di generare liquidità.

*Componenti Chiave:*
*Attività Operative:* Entrate e uscite di cassa generate dalle attività principali dell'azienda.
*Attività d'Investimento:* Comprende acquisti o vendite di asset a lungo termine, come macchinari o immobili.
*Attività Finanziarie*: Movimenti di cassa legati a debiti, equity e dividendi.

## Importanza della Gestione Finanziaria

Capire questi concetti base è essenziale per ogni imprenditore. Una gestione finanziaria efficace permette di:
*Monitorare la Salute Finanziaria:* Fornisce una visione chiara delle prestazioni finanziarie dell'azienda.
*Supportare la Pianificazione e il Decision-Making:* Aiuta a prendere decisioni informate su investimenti, crescita e strategie operative.
*Gestire il Flusso di Cassa:* Assicura che l'azienda abbia sufficiente liquidità per coprire le operazioni quotidiane e gli obblighi a breve termine.

# Budgeting e Pianificazione Finanziaria

Il budgeting e la pianificazione finanziaria sono processi cruciali per la gestione sana e sostenibile di qualsiasi impresa. Queste pratiche non solo aiutano a mantenere sotto controllo le finanze, ma forniscono anche una roadmap per raggiungere gli obiettivi aziendali. Ecco alcune linee guida essenziali per creare un budget efficace e una pianificazione finanziaria robusta.

## Creazione di un Budget Efficace

*Valutazione delle Entrate:* Inizia con una stima accurata delle entrate previste. Questo include tutte le fonti di reddito, come vendite, servizi, investimenti e qualsiasi altra entrata.

*Stima delle Spese:* Elencare tutte le spese previste. Questo include costi fissi come affitti e salari, e costi variabili come materie prime e spese di marketing.

*Definizione di Priorità e Obiettivi:* Stabilisci quali aree della tua azienda richiedono maggiori investimenti e quali possono essere ridotte per risparmiare costi.

*Creazione di un Piano di Spesa:* Assegna un limite di spesa per ogni area o dipartimento, basato sulle tue priorità e sugli obiettivi aziendali.

*Monitoraggio e Revisione:* Controlla regolarmente le spese rispetto al budget e apporta aggiustamenti se necessario.

# Pianificazione Finanziaria a Lungo Termine

*Definire gli Obiettivi a Lungo Termine:* Stabilisci obiettivi finanziari a lungo termine, come espansione aziendale, acquisto di nuovi asset o riduzione del debito.

*Analisi dei Flussi di Cassa Futuri:* Prevedi i futuri flussi di cassa basandoti su stime realistiche di entrate e uscite.

*Pianificazione degli Investimenti:* Identifica opportunità di investimento che allineano i tuoi obiettivi finanziari a lungo termine con il rischio e il rendimento previsto.

*Riserva per Emergenze:* Stabilisci una riserva di cassa per gestire imprevisti o periodi di crisi, assicurando così la continuità operativa.

*Valutazione e Gestione del Rischio:* Analizza i potenziali rischi finanziari e sviluppa strategie per mitigarli.

# Decisioni di Investimento e Gestione del Rischio

Nel panorama aziendale attuale, caratterizzato da incertezza e rapidi cambiamenti, prendere decisioni di investimento intelligenti e gestire efficacemente il rischio finanziario sono capacità cruciali per ogni imprenditore. In questo segmento, esploriamo come navigare in queste sfide garantendo al contempo la crescita e la sostenibilità dell'azienda.

## Prendere Decisioni di Investimento Intelligenti

*Valutazione Approfondita:* Prima di qualsiasi investimento, è fondamentale condurre una valutazione dettagliata. Questo include l'analisi del potenziale ritorno sull'investimento (ROI), la valutazione del mercato, e la considerazione di come l'investimento si allinea con gli obiettivi aziendali a lungo termine.

*Diversificazione degli Investimenti:* Per ridurre il rischio, diversifica gli investimenti. Non concentrare tutte le risorse in un'unica area; invece, distribuiscile in diverse opportunità che bilancino il potenziale di crescita con il rischio.

*Analisi del Costo-Beneficio:* Considera i costi diretti e indiretti di ogni investimento rispetto ai benefici previsti. Questo può includere non solo ritorni finanziari, ma anche miglioramenti nella produttività, nella qualità del prodotto o nell'efficienza operativa.

*Monitoraggio e Revisione Continua:* Una volta effettuato un investimento, è vitale monitorarne le prestazioni ed essere pronti a fare aggiustamenti se necessario.

## Gestione del Rischio Finanziario

*Identificazione dei Rischi:* La prima fase della gestione del rischio è identificare potenziali rischi finanziari. Questi possono variare da cambiamenti nel mercato, fluttuazioni valutarie, cambiamenti normativi, o nuovi concorrenti.

*Valutazione e Prioritizzazione dei Rischi:* Valuta l'impatto potenziale di ogni rischio e la sua probabilità di occorrenza. Questo aiuta a determinare quali rischi richiedono attenzione immediata e risorse per la mitigazione.

*Strategie di Mitigazione del Rischio:* Sviluppa strategie per ridurre o gestire i rischi identificati. Questo può includere assicurazioni, hedge finanziari, diversificazione del portafoglio di prodotti o servizi, e stabilire piani di emergenza operativa.

*Resilienza Finanziaria:* Mantieni una solida posizione finanziaria con riserve di liquidità adeguate, un buon rating di credito e un accesso flessibile a finanziamenti per affrontare eventuali shock finanziari.

*Revisione e Aggiornamento Regolare:* La gestione del rischio è un processo dinamico. Aggiorna regolarmente il tuo piano di gestione del rischio per riflettere i cambiamenti nel mercato e nell'ambiente aziendale.

*Esempio Pratico*
Immaginiamo che tu gestisca un'azienda nel settore tecnologico. Decidi di investire in ricerca e sviluppo per un nuovo prodotto innovativo. Prima dell'investimento, conduci un'analisi di mercato e valuti il potenziale ROI. Per mitigare il rischio, diversifichi anche investendo in miglioramenti delle infrastrutture IT esistenti. Contemporaneamente, stabilisci una riserva di liquidità per proteggere l'operatività aziendale in caso il nuovo prodotto non raggiunga i risultati di mercato previsti.

In conclusione, prendere decisioni di investimento intelligenti e gestire il rischio finanziario richiede una comprensione approfondita del tuo ambiente aziendale, una pianificazione strategica e una continua azione di valutazione e aggiustamento. Attraverso queste pratiche, puoi non solo salvaguardare la tua azienda da potenziali rischi, ma anche posizionarla per una crescita e un successo sostenibili.

# Parte III

----

## Strategie Operative

Nella terza parte del libro, ci immergiamo nelle strategie operative che sono essenziali per il funzionamento efficiente e l'innovazione continua di un'impresa. Questi capitoli offrono una guida su come ottimizzare i processi aziendali, stimolare l'innovazione e la creatività, e costruire una squadra vincente.

# 3.1. Ottimizzazione dei Processi:

# Efficienza ed Efficacia

In questo capitolo, esploreremo come l'ottimizzazione dei processi può portare a un aumento dell'efficienza e dell'efficacia in tutti i settori dell'azienda.

## Mappatura e Analisi dei Processi

Nel contesto aziendale, la mappatura e l'analisi dei processi sono passaggi cruciali per migliorare l'efficienza e l'efficacia operativa. Questo processo implica un'attenta disamina dei flussi di lavoro e delle procedure correnti, con l'obiettivo di identificare aree di inefficienza e sviluppare soluzioni migliorative. Vediamo come si può approcciare questa fase fondamentale.

### Comprendere i Processi Attuali

*Documentazione dei Processi Esistenti:* Inizia con la documentazione dettagliata di tutti i processi correnti. Questo include sequenze di attività, persone coinvolte, risorse utilizzate e output prodotti. L'uso di strumenti di mappatura visiva, come i **diagrammi di flusso**, può essere particolarmente efficace.

*Coinvolgimento del Team:* Coinvolgi i membri del team che eseguono quotidianamente questi processi. Essi possono fornire intuizioni preziose sul funzionamento reale delle procedure e suggerire aree di miglioramento.

# Identificazione di Colli di Bottiglia e Inefficienze

*Analisi dei Colli di Bottiglia:* Identifica i punti in cui i processi rallentano o si bloccano. Questo può essere dovuto a una varietà di fattori, come la carenza di risorse, l'attesa di approvazioni o procedure complesse e lunghe.

*Rilevamento di Ridondanze:* Cerca attività o passaggi che vengono ripetuti o che non aggiungono valore al processo. Eliminare o semplificare queste ridondanze può ridurre significativamente i tempi e i costi.

*Valutazione delle Risorse Impiegate:* Esamina se le risorse attuali (umane, materiali, finanziarie) sono utilizzate in modo ottimale. L'over-allocation o l'under-utilization delle risorse può essere un segno di inefficienza.

## Sviluppo di Soluzioni Migliorative

*Riprogettazione dei Processi:* Sulla base dell'analisi, riprogetta i processi per eliminare inutili complessità, colli di bottiglia e ridondanze. L'obiettivo è rendere i processi più snelli e più agili.

*Implementazione di Tecnologie:* Valuta se l'adozione di nuove tecnologie potrebbe migliorare l'efficienza. Ad esempio, l'automazione di compiti ripetitivi può liberare risorse umane per attività a maggior valore aggiunto.

*Formazione e Cambiamento Culturale:* Assicurati che il team sia adeguatamente formato sulle nuove procedure. Incoraggia una cultura del miglioramento continuo, dove i dipendenti sono motivati a identificare e segnalare inefficienze.

## Monitoraggio e Valutazione Continua

*Valutazione Post-Implementazione:* Dopo aver apportato modifiche, valuta l'impatto sui processi per assicurarti che le modifiche abbiano avuto l'effetto desiderato.

*Feedback Regolare:* Mantieni canali di comunicazione aperti con il tuo team per un feedback continuo sui processi migliorati. Questo aiuta a identificare rapidamente nuove aree di inefficienza.

*Revisioni Periodiche:* Svolgi revisioni periodiche dei processi per garantire che rimangano efficienti ed efficaci nel tempo.

## Automazione e Tecnologia

L'impiego di questi strumenti per automatizzare processi ripetitivi non solo riduce gli errori ma libera anche risorse preziose che possono essere concentrate su attività più strategiche e a maggior valore aggiunto.

*Efficienza Migliorata*: Automatizzare i processi riduce significativamente il tempo necessario per completarli. Ad esempio, l'uso di software per l'automazione dell'inventario può rapidamente tracciare e gestire le scorte, riducendo il tempo impiegato per controlli manuali.

*Riduzione degli Errori Umani*: I processi automatizzati diminuiscono il rischio di errori umani, come quelli nella registrazione dei dati o nella gestione delle transazioni.

*Costi Operativi Ridotti:* Sebbene l'implementazione di tecnologie di automazione richieda un investimento iniziale, nel lungo termine può portare a una significativa riduzione dei costi operativi.

*Miglioramento della Consistenza e Qualità:* L'automazione assicura che i compiti vengano eseguiti in modo uniforme, mantenendo un alto standard di qualità.

# Implementazione dell'Automazione

*Valutazione dei Processi*: Identifica quali processi sono candidati per l'automazione. I compiti ripetitivi, come l'immissione di dati, la fatturazione o la gestione degli ordini, sono spesso i primi bersagli.

*Selezione della Tecnologia Adeguata:* Scegli le tecnologie e le piattaforme che meglio si adattano alle esigenze specifiche dell'azienda. Questo può includere software di automazione, sistemi CRM, strumenti di gestione dei progetti, ecc.

*Formazione del Personale:* Assicurati che i dipendenti siano adeguatamente formati sull'uso delle nuove tecnologie. Una formazione efficace è essenziale per garantire l'adozione e l'uso ottimale delle soluzioni di automazione.

*Esempi di Automazione nel Mondo Reale:*

*Automazione del Servizio Clienti*: L'uso di **chatbot** basati sull'intelligenza artificiale per gestire le richieste dei clienti su siti web e piattaforme social. Questo non solo fornisce risposte immediate e 24/7 ai clienti ma libera anche il personale del servizio clienti per affrontare questioni più complesse.

*Automazione nella Gestione dei Documenti*: Utilizzo di sistemi di gestione documentale per archiviare, recuperare e condividere documenti in modo efficiente, eliminando la necessità di gestire fisicamente grandi quantità di carta.

*Automazione nella Produzione*: Impiego di robotica e controllo numerico computerizzato (CNC) nelle linee di produzione per aumentare la velocità, la precisione e l'efficienza della produzione.

*Miglioramento Continuo*: Implementare una cultura di miglioramento continuo (es. con metodologie c o m e **Lean** o **Six Sigma**), incoraggiando i dipendenti a contribuire con idee per ottimizzare i processi.

*Misurazione delle Prestazioni*: Utilizzare metriche e KPI per monitorare l'efficacia dei processi e per guidare le decisioni di ottimizzazione.

# 3.2. Innovazione e Creatività: Rimanere Competitivi

L'innovazione e la creatività sono i motori della crescita e della competitività in un mercato in rapida evoluzione

## Cultura dell'Innovazione

Creare una cultura aziendale che incoraggi la sperimentazione e l'accettazione del rischio è fondamentale per stimolare l'innovazione. In un ambiente dove le nuove idee sono valorizzate e il fallimento è visto come un passo verso il successo, le aziende possono sfruttare pienamente il potenziale creativo dei loro team. Vediamo come si può costruire un tale ambiente.

### Promuovere un Mindset Aperto all'Innovazione

*Leadership che Inspira*: I leader devono fungere da modelli e ispiratori per l'innovazione. Mostrare entusiasmo per le nuove idee e la volontà di sperimentare è contagioso e incoraggia gli altri a fare altrettanto.

*Tolleranza verso il Fallimento*: Creare una cultura in cui il fallimento non è stigmatizzato, ma visto come una parte essenziale del processo di apprendimento e innovazione. Celebrare i 'fallimenti produttivi' come opportunità per crescere.

*Comunicazione Aperta e Trasparente:* Incoraggiare la condivisione di idee e feedback in tutta l'organizzazione. La comunicazione aperta supporta la collaborazione e l'elaborazione condivisa di nuove idee.

## Fornire Risorse e Supporto

*Risorse per l'Innovazione*: Assicurarsi che i team abbiano accesso alle risorse necessarie per esplorare nuove idee. Questo include tempo, budget, strumenti e spazi dedicati alla sperimentazione.

*Formazione e Sviluppo*: Offrire opportunità di formazione e sviluppo che stimolino il pensiero creativo e le competenze innovative. Workshop, seminari e conferenze possono fornire nuove prospettive e stimolare idee innovative.

*Sistemi di Supporto*: Implementare sistemi di mentoring o di coaching per guidare e supportare i dipendenti nelle loro iniziative innovative.

## Creare Strutture e Processi Flessibili

*Strutture Organizzative Agili:* Adottare strutture organizzative che siano flessibili e meno gerarchiche, per facilitare la collaborazione rapida e l'attuazione delle idee.

*Processi di Decisione Snelli:* Ridurre la burocrazia nelle decisioni relative alle nuove iniziative. Un processo decisionale rapido permette di testare e implementare idee innovative con maggiore agilità.

## Riconoscere e Premiare l'Innovazione

*Sistemi di Ricompensa:* Creare sistemi di incentivazione che riconoscano e premiano le idee innovative e gli sforzi di sperimentazione. Questo può includere premi, promozioni, riconoscimenti pubblici o bonus.

*Celebrazione delle Innovazioni:* Dedicare tempo per celebrare i successi, anche quelli piccoli, nel campo dell'innovazione. Questo non solo motiva il team, ma diffonde anche l'entusiasmo per l'innovazione in tutta l'azienda.

*Esempio Pratico*
Considera il caso di una società di software che ha introdotto 'hackathon' regolari, dove i dipendenti sono incoraggiati a lavorare su progetti a loro scelta che ritengono possano beneficiare l'azienda. Questi eventi non solo hanno prodotto nuove idee produttive, ma hanno anche contribuito a creare un senso di comunità e un ambiente che celebra l'innovazione creativa.

## Collaborazione e Diversità

Nell'attuale panorama aziendale, la collaborazione e la diversità si sono rivelate essere due delle forze più potenti per stimolare la creatività e l'innovazione. La fusione di prospettive diverse, competenze uniche e esperienze variegate può portare a idee rivoluzionarie e soluzioni innovative che un gruppo omogeneo potrebbe non riuscire a concepire. In questo segmento, esploreremo come promuovere attivamente la collaborazione e sfruttare la diversità all'interno dell'ambiente lavorativo.

## Promuovere la Collaborazione Attiva

*Strutture di Team Incrociati:* Creare team composti da membri di diverse divisioni o reparti. Questo permette la condivisione di competenze e la nascita di nuove idee grazie alla fusione di diverse prospettive.
*Spazi di Lavoro Collaborativi*: Progettare spazi di lavoro che incoraggino l'interazione e la collaborazione spontanea, come aree lounge aperte o spazi per il brainstorming.

*Tecnologia per la Collaborazione:* Utilizzare strumenti tecnologici come piattaforme di project management, sistemi di videoconferenza e applicazioni di collaborazione per facilitare la comunicazione e la condivisione di idee, soprattutto in team dislocati geograficamente.

*Iniziative di Team Building:* Organizzare regolarmente attività di team building per rafforzare le relazioni interpersonali e migliorare la collaborazione e la comunicazione all'interno dei team.

## Sfruttare la Diversità per l'Innovazione

*Valorizzazione delle Diverse Prospettive:* Riconoscere e valorizzare le diverse prospettive culturali, educative e professionali all'interno del team. Questo può portare a soluzioni più creative e ben progettate.

*Assunzioni Inclusive:* Adottare politiche di assunzione che mirino a una maggiore diversità all'interno dell'organizzazione. Un team diversificato può offrire un ventaglio più ampio di idee ed esperienze.

*Formazione sulla Diversità e l'Inclusione:* Fornire formazione regolare su temi di diversità e inclusione per promuovere un ambiente di lavoro rispettoso e accogliente.

*Leadership Inclusiva:* Assicurarsi che i leader aziendali pratichino e promuovano l'inclusività, garantendo che tutte le voci vengano ascoltate e considerate.

*Sfruttare le Tecnologie Emergenti:* Essere sempre aggiornati sulle ultime tecnologie e valutare come possono essere applicate per migliorare prodotti, servizi o processi.

*Coinvolgimento del Cliente nel Processo Innovativo*: Utilizzare il feedback dei clienti per ispirare nuove idee e garantire che l'innovazione sia orientata alle esigenze del mercato.

# 3.3. Costruire una Squadra Vincitrice: Assunzione e Gestione del Personale

Il successo di un'azienda dipende dalla forza della sua squadra. Questo capitolo si concentra su come costruire e gestire un team di alto rendimento.

L'adozione di approcci innovativi nell'assunzione non solo aiuta a identificare e attrarre talenti di alta qualità, ma garantisce anche la creazione di un ambiente di lavoro diversificato e inclusivo. Vediamo alcune strategie efficaci in questo ambito.

## Adottare Metodi di Assunzione Innovativi

*Utilizzo dei Social Media:* Sfruttare piattaforme come LinkedIn, Twitter e Facebook per raggiungere un pubblico più ampio e diversificato. I social media permettono di mostrare la cultura aziendale e i valori, attrarre candidati che si allineano con questi aspetti.

*Programmi di Referral dei Dipendenti:* Incoraggiare i dipendenti attuali a raccomandare candidati qualificati. I referral possono ridurre i tempi di assunzione e spesso portano a candidati che si integrano bene nella cultura aziendale.

*Partnership con Università e Istituti di Formazione:* Collaborare con istituti educativi per accedere a un talent pool di giovani promettenti e diversificati.

*Assunzioni Virtuali e a Distanza:* Considerare candidati da tutto il mondo, non limitandosi a una località geografica. Questo non solo allarga il pool di talenti, ma contribuisce anche a una maggiore diversità.

# Valorizzazione della Diversità e dell'Inclusività

*Politiche di Assunzione Inclusive:* Assicurarsi che le descrizioni dei ruoli e le politiche di assunzione siano formulate in modo inclusivo, per attirare un'ampia varietà di candidati.

*Interviste e Processi di Valutazione Obiettivi:* Utilizzare metodi di intervista strutturati e test basati sulle competenze per minimizzare i pregiudizi durante il processo di assunzione.

*Programmi di Internato e Tirocini:* Offrire opportunità di internato e tirocinio per valutare i potenziali talenti in contesti lavorativi reali.

*Formazione sui Pregiudizi Inconsci per i Reclutatori:* Fornire formazione regolare sui pregiudizi inconsci per garantire che le decisioni di assunzione siano basate sul merito e sulle competenze.

*Esempi Pratici di Strategie di Assunzione Innovativa*

*Recruiting Eventi Virtuali:* Organizzare fiere del lavoro virtuali e sessioni di reclutamento online per raggiungere candidati in diverse località geografiche, aumentando così la diversità dei candidati.

*Assunzioni Tramite Competizioni:* Organizzare hackathon o competizioni di design per identificare talenti creativi e innovativi in un ambiente più dinamico e interattivo.

*Video Interviste:* Utilizzare interviste video per valutare i candidati, soprattutto in situazioni in cui non è possibile un incontro faccia a faccia.

## Sviluppo e Formazione

Investire nella formazione e nello sviluppo professionale dei dipendenti è una strategia aziendale fondamentale che porta benefici a lungo termine sia per l'individuo sia per l'organizzazione. Un team ben formato e costantemente aggiornato non solo migliora la sua efficienza e produttività, ma contribuisce anche a un ambiente lavorativo più motivante e soddisfacente. Esaminiamo come le aziende possono attuare programmi di sviluppo e formazione efficaci.

### Identificare le Necessità di Formazione

*Valutazione delle Competenze:* Comincia con una valutazione delle competenze esistenti all'interno del team e identifica le aree in cui sono necessari miglioramenti o aggiornamenti. Questo può essere fatto attraverso sondaggi, interviste o analisi delle prestazioni.

*Ascoltare il Feedback dei Dipendenti:* I dipendenti spesso conoscono meglio di chiunque altro le loro esigenze di sviluppo. Ascoltare i loro feedback può fornire indicazioni preziose su quali aree di formazione siano più necessarie o desiderate.

## Creare Programmi di Formazione e Sviluppo

*Formazione su Misura:* Sviluppa programmi di formazione che siano rilevanti per le specifiche esigenze dell'azienda e dei suoi dipendenti. Ciò potrebbe includere formazione tecnica, competenze di leadership, gestione del tempo e formazione interculturale.

*Metodi di Apprendimento Flessibili:* Utilizza una combinazione di metodi di apprendimento, come workshop in aula, e-learning, seminari online e formazione pratica sul lavoro, per adattarsi ai diversi stili di apprendimento.

*Percorsi di Carriera e Sviluppo Personale:* Collega la formazione e lo sviluppo professionale ai percorsi di carriera all'interno dell'azienda. Ciò motiva i dipendenti a partecipare attivamente e a vedere la formazione come un investimento nel loro futuro.

## Misurare l'Impatto della Formazione

*Feedback e Valutazioni Post-Formazione:* Raccogli feedback dai partecipanti e valuta l'efficacia della formazione. Questo può aiutare a perfezionare i futuri programmi di formazione.

*Monitoraggio delle Prestazioni:* Monitora le prestazioni dei dipendenti dopo la formazione per vedere l'impatto sul lavoro. Ciò può includere miglioramenti nella produttività, nella qualità del lavoro o nella capacità di gestire compiti più complessi.

*ROI della Formazione:* Valuta il ritorno sull'investimento della formazione in termini di miglioramenti delle prestazioni, riduzione del turnover e aumento della soddisfazione dei dipendenti.

*Esempi Pratici:*
*Programmi di Leadership*: Un'azienda può implementare un programma di sviluppo della leadership per i dipendenti a medio livello, preparandoli a ruoli di gestione futuri attraverso corsi di formazione, mentoring e progetti di leadership.
*Certificazioni e Corsi Tecnici*: Per un'azienda tecnologica, offrire ai dipendenti l'opportunità di ottenere certificazioni in tecnologie emergenti o linguaggi di programmazione può essere un investimento significativo nel loro sviluppo professionale.

## Gestione del Personale

Le pratiche di gestione delle risorse umane (HR) non solo influenzano la produttività e la soddisfazione dei dipendenti, ma hanno anche un impatto diretto sulla cultura aziendale e sui risultati complessivi. Esaminiamo alcune delle pratiche più efficaci in questo ambito.

## Valutazione delle Prestazioni

*Valutazioni Regolari:* Condurre valutazioni delle prestazioni regolari e strutturate, che possono includere autovalutazioni, valutazioni dei superiori e, in alcuni casi, valutazioni a 360 gradi da colleghi e subordinati.

*Obiettivi Chiari e Misurabili:* Stabilire obiettivi chiari e misurabili per i dipendenti. Questi obiettivi devono essere allineati con gli obiettivi più ampi dell'azienda e dovrebbero essere realistici e raggiungibili.

*Feedback Continuo:* Fornire feedback regolare e in tempo reale, oltre alle valutazioni formali. Questo aiuta i dipendenti a comprendere costantemente come stanno lavorando e cosa possono migliorare.

## Feedback Costruttivo

*Comunicazione Efficace:* Assicurarsi che il feedback sia comunicato in modo efficace e costruttivo. Evitare critiche negative e concentrarsi su come il dipendente può crescere e migliorare.

*Focus su Sviluppo e Crescita:* Utilizzare il feedback come uno strumento per guidare lo sviluppo personale e professionale dei dipendenti, piuttosto che come un semplice mezzo per valutare la performance.

*Ascolto Attivo:* Essere aperti ai feedback dai dipendenti. Un dialogo bidirezionale può fornire intuizioni preziose sul morale del team e sulle possibili aree di miglioramento.

## Riconoscimento e Incentivi

*Riconoscimento dei Successi:* Riconoscere e celebrare i successi dei dipendenti, sia grandi che piccoli. Il riconoscimento può assumere molte forme, dalla menzione in una riunione aziendale a premi o bonus.

*Programmi di Incentivazione:* Sviluppare programmi di incentivi che premiano le prestazioni eccezionali. Questo non solo motiva i dipendenti, ma crea anche un ambiente di lavoro più dinamico e coinvolgente.

*Crescita e Opportunità di Carriera:* Offrire opportunità di crescita e avanzamento di carriera ai dipendenti come forma di riconoscimento per il loro impegno e le loro prestazioni.

*Esempi Pratici:*
*Valutazioni Mensili Informali:* Un'azienda potrebbe implementare valutazioni mensili informali in cui i manager discutono progressi e sfide con i loro dipendenti, fornendo un feedback continuo e costruttivo.

*Sistema di Riconoscimento dei Pari:* Introdurre un sistema in cui i dipendenti possono riconoscere e celebrare i successi dei loro colleghi, potenziando il morale e la coesione del team.

## Cultura Aziendale Positiva

Essa influenza non solo il benessere e la soddisfazione dei dipendenti, ma anche la produttività, la creatività e la fedeltà. Un ambiente lavorativo positivo e coinvolgente può fare la differenza nel trattenere talenti di alta qualità e nel garantire il successo dell'azienda.

## Promuovere Valori Aziendali Forti

*Definizione dei Valori Aziendali:* Stabilire un insieme chiaro di valori che riflettano la missione e la visione dell'azienda. Questi valori dovrebbero guidare ogni decisione e azione all'interno dell'organizzazione.
*Vivere i Valori Aziendali*: I leader devono essere i primi a incarnare e dimostrare i valori aziendali nel loro comportamento quotidiano. Questo aiuta a cementare questi valori nella cultura aziendale.

# Creare un Ambiente di Lavoro Inclusivo e Supportivo

In un mondo sempre più globalizzato e diversificato, è essenziale che le organizzazioni creino ambienti di lavoro inclusivi e supportivi. Questo non solo migliora il benessere dei dipendenti, ma contribuisce anche a una maggiore produttività e creatività. Un ambiente di lavoro inclusivo accoglie la diversità in tutte le sue forme, inclusi genere, età, origine etnica, orientamento sessuale e capacità fisiche e mentali.

## Comprendere la Diversità

La diversità va oltre la semplice tolleranza delle differenze. Si tratta di accettare, celebrare e valorizzare queste differenze. Un ambiente di lavoro che comprende la diversità offre opportunità eque a tutti i dipendenti, indipendentemente dal loro background. Ciò include l'assunzione di personale da una varietà di background e la promozione di una cultura che rispetta e apprezza la diversità.

## Promuovere l'Inclusione

L'inclusione significa assicurarsi che ogni membro del team si senta valorizzato e sia in grado di contribuire pienamente. Ciò implica l'implementazione di politiche e pratiche che garantiscano l'equità e l'accesso alle stesse opportunità. La formazione sulla diversità e l'inclusione per i manager e i dipendenti è cruciale per sviluppare una comprensione profonda di questi concetti.

## Supporto e Benessere dei Dipendenti

Un ambiente di lavoro supportivo si preoccupa attivamente del benessere dei suoi dipendenti. Ciò include offrire supporto per la salute mentale, garantire un equilibrio tra lavoro e vita privata e fornire risorse per lo sviluppo professionale. Inoltre, dovrebbe essere presente un meccanismo per affrontare e risolvere eventuali problemi di discriminazione o molestie sul posto di lavoro.

Attraverso queste strategie operative, questo libro mira a fornire agli imprenditori gli strumenti e le conoscenze necessarie per ottimizzare i loro processi, stimolare l'innovazione e creare un team di lavoro forte e coeso, aspetti tutti fondamentali per il successo e la crescita a lungo termine di un'impresa.

# Parte IV

----

## Crescita e Sviluppo

Questa parte del libro è dedicata a esplorare strategie vitali per la crescita e lo sviluppo di un'impresa. Affronteremo come espandere il business in modo sostenibile, come sfruttare il networking e le collaborazioni per costruire alleanze strategiche e come internazionalizzare un'azienda.

# 4.1. Espansione del Business: Scalare in Modo Sostenibile

L'espansione sostenibile è cruciale per la longevità di un'impresa. Questo capitolo esplora come scalare il business senza compromettere la qualità del prodotto/servizio o la stabilità finanziaria.

## Valutazione del Mercato e della Domanda

Questo processo di valutazione comprende diversi passaggi chiave, dalla ricerca di mercato all'analisi della concorrenza, al fine di garantire decisioni di espansione informate e strategiche.

### Ricerca di Mercato

*Definizione del Pubblico Target:* Identifica chi sono i tuoi clienti ideali nel nuovo mercato. Considera fattori demografici, psicografici, comportamentali e geografici.

*Analisi dei Bisogni e Preferenze:* Comprendi quali sono le esigenze, i desideri e le preferenze del tuo pubblico target. Questo può essere realizzato attraverso sondaggi, interviste, gruppi di discussione o analisi dei dati esistenti.

*Trend di Mercato:* Studia i trend attuali e futuri che potrebbero influenzare la domanda per i tuoi prodotti o servizi. Ciò include analizzare i rapporti di settore, le pubblicazioni di mercato e le previsioni economiche.

*Valutazione della Dimensione del Mercato:* Stima la dimensione totale del mercato e il potenziale di crescita. Ciò include comprendere la quota di mercato attuale e potenziale per il tuo prodotto o servizio.

## Analisi dei Competitor

*Identificazione dei Concorrenti:* Elenca chi sono i tuoi principali concorrenti nel mercato target. Questo non include solo i concorrenti diretti, ma anche quelli indiretti che offrono prodotti o servizi sostitutivi.

*Analisi delle Forze e delle Debolezze:* Valuta i punti di forza e di debolezza dei tuoi concorrenti. Considera aspetti come la quota di mercato, la reputazione, la qualità del prodotto, il prezzo, e le strategie di marketing.

*Strategie dei Concorrenti:* Comprendi le strategie attuali dei tuoi concorrenti e come potrebbero rispondere alla tua entrata nel mercato.

## Utilizzo di Dati e Analytics

*Analisi dei Dati di Mercato:* Utilizza strumenti di analytics per analizzare i dati disponibili sul mercato. Ciò può includere l'analisi dei dati di vendita, il comportamento dei consumatori online e le metriche di performance dei concorrenti.

*Simulazioni e Previsioni*: Esegui simulazioni di mercato e modelli predittivi per valutare possibili scenari di mercato e l'impatto dell'espansione.

## Feedback e Iterazione

*Pilotare e Testare:* Prima di un'espansione completa, considera la possibilità di eseguire un lancio pilota o un test di mercato per raccogliere feedback diretti e fare ulteriori aggiustamenti.
*Iterazione Basata sui Feedback:* Usa i feedback raccolti durante il pilota o il test per rifinire la tua strategia di espansione e i tuoi prodotti o servizi.

## Pianificazione Finanziaria

Una pianificazione finanziaria accurata è fondamentale per qualsiasi impresa che miri all'espansione. Questo processo richiede un'attenta valutazione delle risorse finanziarie attuali e future, l'elaborazione di proiezioni finanziarie realistiche e la preparazione di una strategia per gestire le risorse in modo efficace. Vediamo insieme come procedere

## Pianificazione del Budget

*Stima delle Entrate:* Proietta le potenziali entrate che potresti generare dall'espansione. Considera fattori come l'incremento previsto delle vendite, i nuovi canali di mercato e i prezzi dei prodotti o servizi.

*Budget delle Spese:* Elabora un budget dettagliato che includa tutte le spese associate all'espansione, come i costi di marketing, acquisizione di nuovi asset, assunzioni, formazione, ricerca e sviluppo.

*Margine di Sicurezza:* Includi un margine di sicurezza nel tuo budget per coprire spese impreviste o variazioni nelle entrate.

## Previsione dei Flussi di Cassa

*Proiezioni di Flusso di Cassa*: Crea proiezioni mensili o trimestrali del flusso di cassa. Ciò ti aiuterà a comprendere quando potrebbero verificarsi deficit di cassa e a pianificare in anticipo per tali eventualità.

*Gestione del Capitale Circolante:* Assicurati di avere abbastanza capitale circolante per coprire le operazioni quotidiane durante la fase di espansione.

## Costruzione di Riserve Finanziarie

*Fondo di Riserva*: Stabilisci un fondo di riserva per gestire rischi imprevisti o opportunità durante il processo di espansione. Questo fondo può essere utilizzato in situazioni di emergenza o quando si presentano investimenti vantaggiosi.

*Accesso a Finanziamenti:* Valuta diverse opzioni di finanziamento, come prestiti bancari, linee di credito, o reperimento di capitali attraverso investitori, per garantire che siano disponibili fondi sufficienti.

## Monitoraggio e Revisione

*Revisione Regolare:* Revisiona periodicamente il tuo piano finanziario per assicurarti che sia ancora in linea con le tue necessità e i tuoi obiettivi di espansione.

*Flessibilità nel Piano Finanziario:* Sii pronto a fare aggiustamenti al piano in base ai cambiamenti del mercato o della performance aziendale.

## Consulenza Finanziaria Professionale

*Supporto di Esperti:* Considera di consultare un consulente finanziario o un contabile per aiutarti nella pianificazione e nell'analisi finanziaria, soprattutto se l'espansione prevede complessità significative.

## Strategie di Espansione

Esplorare diverse strategie di espansione come franchising, joint venture, partenariati o espansione organica. Ogni opzione ha i suoi vantaggi e rischi, che devono essere attentamente valutati.

*Risorse Umane e Gestione del Team*: Assicurarsi di avere il team giusto per supportare la crescita. Questo può includere l'assunzione di nuovo personale, la formazione dei dipendenti esistenti e la gestione del cambiamento.

*Tecnologia e Infrastruttura*: Valutare se la tua infrastruttura attuale può supportare la crescita e se sono necessari investimenti in tecnologia o in altre risorse.

# 4.2. Networking e Collaborazioni: Costruire Alleanze Strategiche

Le relazioni e le alleanze strategiche possono aprire nuove opportunità e mercati. Questa sezione si concentra su come sviluppare una rete efficace e costruire collaborazioni vantaggiose.

## Networking Attivo

Partecipare a eventi di settore, conferenze e workshop per incontrare potenziali partner, clienti e mentori. Il networking online, in particolare sui social media professionali come LinkedIn, è altrettanto importante.

Il networking attivo è un potente strumento per qualsiasi imprenditore o professionista. Non solo apre la porta a nuove opportunità di business, ma può anche portare a collaborazioni significative, partenariati strategici e sviluppo professionale. Qui di seguito, esploreremo diverse strategie per massimizzare l'efficacia del networking, sia offline che online.

*Conferenze e Workshop*: Partecipare a eventi di settore è uno dei modi più efficaci per incontrare colleghi, potenziali partner e clienti. I workshop e le conferenze offrono l'opportunità di apprendere le ultime tendenze del settore e discutere problemi comuni.

*Esempio*:
Un imprenditore nel settore tecnologico potrebbe partecipare al CES (Consumer Electronics Show) per connettersi con innovatori e leader di pensiero nel settore.

*Eventi di Networking Locali*: Gli eventi locali, come i meet-up o le riunioni di camere di commercio, offrono l'opportunità di stabilire relazioni più strette e frequenti all'interno della propria comunità locale.

*Esempio:*
Un piccolo imprenditore potrebbe partecipare agli eventi organizzati dalla camera di commercio locale per incontrare altri imprenditori della zona.

## Networking Online

*Social Media Professionali:* Piattaforme come LinkedIn sono cruciali per il networking online. Mantenere un profilo aggiornato, partecipare a gruppi di discussione e pubblicare contenuti pertinenti può aumentare la visibilità e attirare contatti di valore.

*Esempio:*
Un consulente di marketing potrebbe condividere studi di caso di successo o articoli di settore su LinkedIn per attirare l'attenzione di potenziali clienti o collaboratori.

*Webinar e Eventi Virtuali:* Con l'aumento del lavoro a distanza, i webinar e gli eventi virtuali sono diventati strumenti fondamentali per il networking. Partecipare attivamente e interagire durante questi eventi può portare a connessioni significative.

*Esempio:*
Un professionista del settore immobiliare potrebbe partecipare a un webinar sull'investimento immobiliare e utilizzare la sessione di Q&A per stabilire la propria competenza nel campo.

## Strategie Efficaci per il Networking

*Preparazione:* Prima di partecipare a eventi di networking, definisci i tuoi obiettivi. Sapere cosa vuoi ottenere ti aiuterà a identificare le persone più rilevanti da incontrare.

*Follow-up:* Dopo aver stabilito una nuova connessione, è importante fare follow-up. Un'email o un messaggio di follow-up può trasformare un incontro casuale in una relazione professionale duratura.

*Networking Reciproco:* Cerca di offrire valore nelle tue interazioni di networking. Il networking non è solo ricevere, ma anche dare - che si tratti di condividere conoscenze, risorse o riferimenti.

## Networking per lo Sviluppo Professionale

*Mentorship:* Il networking può portare a relazioni di mentorship. Trovare un mentore esperto nel tuo settore può fornire guida preziosa e accelerare la tua crescita professionale.

*Apprendimento Continuo:* Partecipando a eventi di settore e interagendo con professionisti del campo, rimani aggiornato sulle ultime tendenze e pratiche migliori, contribuendo al tuo sviluppo continuo.

*Esempio:*
Immagina un fondatore di una startup che partecipa a un evento di pitch per startup. Non solo ottiene la possibilità di presentare la sua idea a potenziali investitori, ma utilizza anche le pause e i momenti di networking per connettersi con altri fondatori di startup, scambiare idee e imparare dalle loro esperienze.

## Identificazione di Partner Strategici

Identificare partner strategici che integrino e potenzino il tuo business è un passo fondamentale per espandere le tue capacità, accedere a nuovi mercati e migliorare l'offerta complessiva. Questo processo richiede un'attenta analisi e una pianificazione strategica. Ecco come identificare e avviare collaborazioni di successo.

## Comprensione del Proprio Business e Necessità

*Valutazione Interna:* Inizia con una valutazione approfondita delle tue forze, debolezze e delle aree in cui il tuo business potrebbe beneficiare di una partnership. Identifica le competenze, risorse o mercati che mancano e potrebbero essere completati da un partner.

*Definizione di Obiettivi Chiari:* Stabilisci obiettivi chiari per quello che vuoi raggiungere attraverso la partnership. Questo può variare dall'espansione in nuovi mercati all'accesso a nuove tecnologie o competenze.

### Ricerca di Partner Potenziali

*Analisi di Mercato:* Esegui una ricerca di mercato per identificare potenziali partner. Questo può includere analisi dei concorrenti, ricerca di aziende in settori complementari e identificazione di trend di mercato.

*Rete e Referenze:* Utilizza la tua rete esistente per ottenere referenze e raccomandazioni. Spesso, i migliori partner vengono trovati attraverso contatti professionali fidati.

*Eventi di Networking e Conferenze di Settore:* Partecipa attivamente a eventi di settore e conferenze per incontrare potenziali partner e valutare la compatibilità e le potenziali sinergie.

## Valutazione dei Partner Potenziali

*Compatibilità Culturale e Valori Condivisi:* Assicurati che ci sia una forte compatibilità culturale e che i valori aziendali siano allineati. La cultura e i valori comuni sono cruciali per il successo a lungo termine di qualsiasi partnership.

*Valutazione delle Risorse e delle Competenze:* Analizza le risorse, le competenze e le capacità dei potenziali partner. Considera come queste potrebbero integrare o potenziare il tuo business.

*Bilanciamento di Vantaggi e Rischi:* Valuta i potenziali benefici della partnership in relazione ai rischi. Ogni partnership dovrebbe avere un chiaro vantaggio reciproco.

## Avvio della Collaborazione

*Iniziare con Progetti Piccoli*: Inizia la collaborazione con progetti o iniziative di scala ridotta per testare l'efficacia della partnership prima di imbarcarsi in imprese più grandi.

*Comunicazione e Pianificazione Chiara:* Stabilisci linee di comunicazione chiare e definisci aspettative, ruoli e responsabilità precisi.

*Contratti e Accordi:* Formalizza l'accordo attraverso contratti chiari che delineino termini, obiettivi, processi decisionali e meccanismi di risoluzione dei conflitti.

*Esempio:*
Immagina un'azienda di produzione di abbigliamento che cerca di espandere la sua presenza online. Potrebbe formare una partnership con un'azienda specializzata in e-commerce e marketing digitale. Attraverso questa sinergia, l'azienda di abbigliamento può sfruttare l'expertise del partner nel commercio online, mentre il partner beneficia dell'accesso a nuovi prodotti e mercati.

L'identificazione di partner strategici richiede un'approfondita comprensione delle proprie necessità aziendali, una ricerca accurata e una valutazione attenta dei potenziali partner. Una volta stabilita, una partnership strategica può aprire nuove vie per la crescita, l'innovazione e il successo nel mercato competitivo di oggi.

## Negoziazione e Creazione di Alleanze

Sviluppare capacità di negoziazione e capire come strutturare accordi di collaborazione. I contratti devono essere chiari in termini di aspettative, ruoli e divisione dei benefici. Le abilità di negoziazione e la capacità di strutturare efficacemente alleanze e accordi di collaborazione sono fondamentali per stabilire partnership aziendali vantaggiose. Queste competenze richiedono non solo una comunicazione efficace, ma anche una comprensione strategica di come articolare accordi che siano reciprocamente vantaggiosi. Ecco alcuni passaggi chiave per guidare il processo.

### Preparazione per la Negoziazione

*Ricerca e Analisi Approfondite:* Prima di entrare in negoziazioni, è essenziale condurre una ricerca dettagliata sul potenziale partner. Comprendi i loro obiettivi, punti di forza, debolezze e bisogni.
*Definire Obiettivi e Limiti*: Stabilisci chiaramente quali sono i tuoi obiettivi principali e quali aspetti sono negoziabili e quali no.
*Strategia di Negoziazione:* Sviluppa una strategia di negoziazione che includa diverse tattiche, come la negoziazione collaborativa, che mira a trovare soluzioni vantaggiose per entrambe le parti.

## Processo di Negoziazione

*Comunicazione Aperta:* Avvia la discussione con una comunicazione aperta e onesta. Esponi chiaramente le tue intenzioni e ascolta attentamente il punto di vista del partner.

*Gestione delle Aspettative:* Assicurati che entrambe le parti abbiano aspettative realistiche. È importante gestire le aspettative fin dall'inizio per evitare malintesi in futuro.

*Flessibilità e Compromessi:* Sii pronto a fare compromessi su aspetti meno critici per raggiungere un accordo che sia vantaggioso per entrambe le parti.

## Strutturazione degli Accordi

*Chiarezza nei Ruoli e Responsabilità:* I ruoli e le responsabilità di ciascuna parte devono essere chiaramente definiti nell'accordo per evitare sovrapposizioni o lacune.

*Divisione dei Benefici e dei Rischi:* Stabilisci una distribuzione equa dei benefici e dei rischi. Questo aiuta a mantenere un rapporto equilibrato e a lungo termine.

*Piani per il Monitoraggio e la Valutazione:* Incorpora meccanismi per il monitoraggio e la valutazione periodica dell'alleanza, per assicurarsi che gli obiettivi siano soddisfatti.

*Clausole di Uscita e Risoluzione dei Conflitti:* Definisci le procedure per risolvere eventuali conflitti e includi clausole di uscita che permettano una separazione amichevole, se necessario.

*Esempio:*

*Alleanza tra Aziende Tecnologiche:* Due aziende tecnologiche potrebbero formare un'alleanza per sviluppare un nuovo prodotto. Durante la negoziazione, potrebbero decidere di dividere i costi di ricerca e sviluppo e condividere la proprietà intellettuale del prodotto finito.

*Partenariato tra un Retailer e un Produttore:* Un retailer online potrebbe collaborare con un produttore per creare una linea esclusiva di prodotti. La negoziazione potrebbe concentrarsi sulla divisione delle entrate, sui termini di esclusività e sulla gestione del magazzino.

Una negoziazione e una strutturazione efficaci delle alleanze sono essenziali per formare collaborazioni di successo. Questo processo richiede una pianificazione attenta, una comunicazione efficace e la capacità di bilanciare le esigenze di entrambe le parti, garantendo una partnership duratura e reciprocamente vantaggiosa.

## Costruzione di Relazioni a Lungo Termine

Queste relazioni si basano sulla fiducia reciproca e richiedono un impegno costante e una comunicazione efficace. Ecco come sviluppare e mantenere alleanze di successo nel tempo.

### Fondamenti per Relazioni Durature

*Comunicazione Efficace e Regolare:* Una comunicazione aperta e trasparente è essenziale. Mantenere i canali di comunicazione aperti e regolari incontri o check-in possono aiutare a rafforzare la fiducia e a garantire che entrambe le parti siano allineate.

*Ascolto Attivo e Feedback:* Ascoltare attivamente e fornire feedback costruttivi sono cruciali per comprendere e rispettare le prospettive e le esigenze del partner. Ciò aiuta a identificare e risolvere tempestivamente eventuali problemi.

*Adattabilità e Flessibilità:* Le esigenze e le circostanze possono cambiare nel tempo. Essere flessibili e adattarsi alle nuove situazioni è vitale per mantenere relazioni solide.

### Coltivare la Fiducia e il Rispetto

*Consistenza e Affidabilità:* Dimostrare costantemente affidabilità nelle azioni e nel rispetto degli impegni costruisce fiducia nel tempo.

*Rispetto per gli Accordi:* Onorare gli accordi e i termini stabiliti è fondamentale. Eventuali modifiche devono essere discusse e concordate da entrambe le parti.

*Rispetto della Cultura e dei Valori del Partner:* Comprendere e rispettare la cultura aziendale e i valori del partner rafforza la relazione e favorisce un ambiente di lavoro armonioso.

## Collaborazione e Co-Creazione

*Progetti Congiunti e Obiettivi Comuni:* Lavorare su progetti congiunti o condividere obiettivi comuni può rafforzare la relazione. Ciò include collaborare a innovazioni, strategie di marketing congiunte o iniziative di R&S (R&S: ricerca e sviluppo, permette alle aziende di anticipare le tendenze di mercato e di sviluppare nuove tecnologie e soluzioni innovative. Questo non solo migliora la competitività dell'azienda, ma contribuisce anche alla sua reputazione come leader nel suo settore. La R&S può anche identificare modi per migliorare processi esistenti, ridurre costi e incrementare l'efficienza operativa.)

*Condivisione di Risorse e Conoscenze:* Condividere risorse, conoscenze o reti può essere estremamente vantaggioso e può apportare valore aggiunto a entrambe le parti.

## Gestione dei Conflitti e Risoluzione dei Problemi

*Approccio Proattivo ai Conflitti:* Affrontare i problemi non appena emergono evita che si trasformino in conflitti maggiori.

*Risoluzione Costruttiva dei Conflitti:* Utilizzare tecniche di risoluzione dei conflitti come la negoziazione e la mediazione per trovare soluzioni accettabili per entrambe le parti.

Esempio:
*Partnership tra Aziende nel Settore IT:* Due aziende nel settore IT potrebbero collaborare su un progetto software. Mantenendo una comunicazione regolare e trasparente e rispettando gli impegni reciproci, riescono a lanciare con successo un prodotto innovativo.
*Collaborazione tra un'Impresa e un'Università:* Un'impresa potrebbe formare una partnership a lungo termine con un'università per la ricerca e lo sviluppo. Con incontri regolari, condivisione di risorse e rispetto reciproco, entrambe le parti beneficiano di questa collaborazione.

Costruire e mantenere relazioni a lungo termine richiede impegno, comunicazione, fiducia e rispetto reciproco. Queste relazioni non solo migliorano le possibilità di successo delle collaborazioni, ma contribuiscono anche a un ambiente aziendale più forte e più dinamico.

# 4.3. Internazionalizzazione: Portare il Tuo Business Oltre i Confini

Espandere il business a livello internazionale può aprire enormi opportunità. Questa sezione tratta le strategie per superare le sfide e massimizzare le opportunità dell'internazionalizzazione.

### Ricerca e Comprendere i Mercati Internazionali

Ogni mercato ha le sue peculiarità culturali, legali e di business. Una comprensione approfondita di questi aspetti è cruciale.

## Internazionalizzazione - Navigare nei Mercati Globali

L'internazionalizzazione è un passo cruciale per le aziende che cercano di espandersi oltre i confini nazionali. Questo processo richiede un'attenta pianificazione, una comprensione dei mercati internazionali e una strategia ben pensata per mitigare i rischi e massimizzare le opportunità. Esploreremo in modo approfondito ciascun aspetto di questo processo.

## Ricerca e Comprensione dei Mercati Internazionali

*Analisi Culturale:* Comprendere le peculiarità culturali del mercato target è fondamentale. Questo include la conoscenza delle pratiche commerciali locali, le preferenze dei consumatori, le norme sociali e le barriere linguistiche.

*Valutazione Legale e Normativa:* Ogni mercato ha le sue leggi e normative. È essenziale avere una comprensione chiara delle leggi locali, delle normative di importazione/esportazione, delle tasse e delle normative sui prodotti.

*Analisi Economica e di Mercato:* Esaminare il contesto economico del mercato target, includendo fattori come la stabilità economica, il potere d'acquisto, la concorrenza e le dimensioni del mercato.

## Strategie di Ingresso nel Mercato

*Esportazione:* Iniziare con l'esportazione è spesso il modo meno rischioso e più economico per accedere a un nuovo mercato. Questo approccio permette di testare il mercato senza un grande investimento iniziale.

*Joint Venture e Partnership:* Formare una joint venture o una partnership con un'azienda locale può essere un modo efficace per entrare in un mercato. Questo approccio può aiutare a superare barriere culturali e normative.

*Creazione di Filiali*: Stabilire una presenza fisica attraverso filiali o uffici può essere vantaggioso per alcuni mercati, offrendo un maggiore controllo e presenza sul territorio.

## Gestione dei Rischi e Conformità Normativa

*Gestione del Rischio Valutario:* Proteggersi contro le fluttuazioni valutarie attraverso strategie di hedging e una pianificazione finanziaria attenta.

*Rischio Politico:* Valutare il rischio politico, che può includere cambiamenti nelle politiche governative, instabilità politica o cambiamenti nei regimi fiscali.

*Adempimenti Normativi*: Assicurarsi di soddisfare tutte le normative locali, incluse quelle relative alla salute, sicurezza e standard ambientali.

## Adattamento Culturale e Locale

*Localizzazione del Prodotto:* Adattare i prodotti o servizi alle esigenze e preferenze del mercato locale. Ciò può riguardare il design del prodotto, la funzionalità o persino il packaging.

*Strategie di Marketing Localizzate*: Sviluppare strategie di marketing che risuonino con il pubblico locale, considerando le differenze culturali e linguistiche.

## Costruzione di una Rete Internazionale

*Sviluppo di Relazioni Locali*: Stabilire relazioni con fornitori locali, distributori e altri partner commerciali. Questo aiuta a comprendere meglio il mercato e può fornire supporto prezioso.
*Collaborazioni con Enti Locali:* Collaborare con camere di commercio locali, associazioni di settore e altri enti può aiutare a navigare nel contesto commerciale locale e a costruire una rete solida.

*Esempi:*
*Azienda di Moda:* Un'azienda di moda che si espande in Europa potrebbe dover adattare le sue collezioni alle preferenze di stile locali e lavorare con distributori locali per navigare nel mercato retail.
*Produttore di Alimenti:* Un'azienda alimentare che entra nel mercato asiatico potrebbe dover modificare le ricette per soddisfare i gusti locali e assicurarsi di rispettare le rigorose normative alimentari locali.
Le aziende che adottano un approccio olistico e ben informato possono superare con successo le sfide e sfruttare le opportunità offerte dai mercati internazionali.

# Parte V

----

# Superare le Sfide

Questi capitoli forniscono una guida dettagliata e pratica su come le aziende possono affrontare e superare le sfide, mantenendo allo stesso tempo una condotta etica e una posizione forte nel mercato. Dal gestire le crisi con resilienza a operare con responsabilità sociale ed etica, queste pagine offrono insight fondamentali per un business sostenibile e di successo.

# 5.1. Gestione delle Crisi: Affrontare le Difficoltà con Resilienza

La gestione delle crisi è una competenza essenziale per ogni business. Questo capitolo esamina come le aziende possono sviluppare resilienza e navigare efficacemente attraverso periodi di difficoltà.

## Pianificazione e Preparazione

La capacità di un'azienda di gestire efficacemente le crisi dipende in larga misura dalla sua preparazione e pianificazione. Questo aspetto della gestione aziendale richiede attenzione e risorse, ma è essenziale per assicurare la resilienza e la continuità operativa. Ecco come le aziende possono prepararsi per gestire le crisi.

### Sviluppo di Piani di Emergenza Dettagliati

*Identificazione dei Rischi*: Inizia con un'analisi dei rischi per identificare potenziali crisi che potrebbero colpire la tua azienda. Questo può includere disastri naturali, crisi finanziarie, problemi di reputazione, attacchi informatici, ecc.
*Procedure di Risposta Specifiche*: Sviluppa procedure di risposta specifiche per ciascun tipo di crisi. Ogni piano deve includere passaggi chiari, responsabilità assegnate e procedure operative standard.
*Piani di Comunicazione*: Crea piani di comunicazione che delineino come comunicare durante una crisi sia internamente (ai dipendenti) che esternamente (ai clienti, media, stakeholder).

# Creazione di Team di Gestione delle Crisi

*Formazione del Team:* Stabilisci un team di gestione delle crisi composto da membri chiave del personale che hanno competenze e autorità decisionali. Questo team dovrebbe essere formato in base alle diverse aree di expertise necessarie.

*Formazione e Simulazioni:* Fornisci formazione regolare al team di gestione delle crisi. Esegui esercitazioni e simulazioni di crisi per testare e affinare i piani di emergenza.

*Aggiornamento dei Piani:* I piani di emergenza devono essere rivisti e aggiornati regolarmente per riflettere i cambiamenti nell'ambiente aziendale e nelle condizioni di mercato.

## Strumenti e Risorse per la Gestione delle Crisi

*Kit di Emergenza e Risorse:* Assicurati di avere tutti gli strumenti e le risorse necessarie per una risposta rapida, inclusi kit di emergenza, software di gestione delle crisi e sistemi di comunicazione di backup.

*Backup dei Dati e Piani di Continuità Operativa:* Implementa sistemi robusti di backup dei dati e sviluppa piani di continuità operativa per assicurare che le funzioni aziendali essenziali possano proseguire durante e dopo una crisi.

## Coinvolgimento di Esperti Esterni

*Consulenza Professionale:* In alcuni casi, può essere utile coinvolgere consulenti esterni specializzati nella gestione delle crisi per sviluppare o rivedere i piani di emergenza.

*Reti di Supporto:* Stabilire relazioni con agenzie locali di gestione delle emergenze, forze dell'ordine e altri enti che possono fornire supporto durante una crisi.

*Esempio:*
Immagina un'azienda manifatturiera che affronta una crisi dovuta a un richiamo di prodotto. Grazie al suo dettagliato piano di emergenza, la società è in grado di reagire rapidamente, comunicare efficacemente con i consumatori e le autorità, e limitare l'impatto negativo sulla sua reputazione e operazioni.

Essere preparati e avere piani di emergenza dettagliati sono elementi cruciali nella gestione delle crisi. Un'azienda ben preparata può non solo navigare meglio attraverso periodi turbolenti, ma anche emergere da essi più forte e resiliente.

## Comunicazione Durante la Crisi

Una comunicazione efficace durante una crisi è fondamentale per minimizzare l'incertezza e mantenere la fiducia di dipendenti, clienti, fornitori e stakeholder. Gestire la comunicazione in maniera chiara, trasparente e tempestiva può fare la differenza nel limitare il danno e preservare l'integrità dell'azienda.

### Principi della Comunicazione in Crisi

*Tempestività:* Agire rapidamente per comunicare le informazioni essenziali non appena diventano disponibili. Il ritardo nella comunicazione può portare a speculazioni e paura.

*Trasparenza e Onestà:* Fornire informazioni accurate e chiare. Evitare di nascondere fatti o minimizzare la situazione, poiché ciò può danneggiare la reputazione a lungo termine.

*Coerenza:* Assicurarsi che i messaggi siano coerenti tra tutti i canali di comunicazione. Discrepanze nelle informazioni possono creare confusione e diffidenza.

## Strategie di Comunicazione Efficace

*Piani di Comunicazione Predefiniti:* Avere template e protocolli predefiniti per comunicati stampa, aggiornamenti sui social media e comunicazioni interne per rispondere rapidamente durante una crisi.

*Utilizzo di Portavoce Autorizzato:* Designare un portavoce ufficiale per rappresentare l'azienda durante la crisi. Questa persona dovrebbe essere ben formata e in grado di comunicare con calma e chiarezza.

*Aggiornamenti Regolari:* Fornire aggiornamenti regolari sulla situazione, anche se solo per confermare che si sta lavorando alla risoluzione del problema. Questo aiuta a mantenere il controllo del narrativo.

## Comunicazione Interna ed Esterna

*Dipendenti:* Informare i dipendenti tempestivamente, assicurandosi che ricevano informazioni affidabili da fonti interne piuttosto che da media esterni.

*Clienti e Fornitori:* Comunicare con clienti e fornitori per informarli su come la crisi potrebbe impattare su di loro e sulle misure adottate per mitigare questi impatti.

*Stakeholder e Media:* Preparare comunicazioni specifiche per stakeholder e media. Questo può includere comunicati stampa, interviste e conferenze stampa.

## Gestione della Comunicazione Online

*Social Media:* Utilizzare i social media per diffondere rapidamente messaggi chiave. Monitorare e rispondere attivamente alle preoccupazioni e alle domande sui social media.
*Sito Web Aziendale:* Creare una sezione sul sito web dedicata agli aggiornamenti sulla crisi, dove il pubblico può trovare informazioni affidabili e aggiornate.

*Esempio:*
Immagina una compagnia aerea che affronta una crisi a causa di interruzioni dei voli. La compagnia utilizza prontamente tutti i canali a sua disposizione per informare i passeggeri sugli annullamenti, le opzioni di riallocazione e i passi che sta compiendo per risolvere la situazione. Comunicati stampa vengono emessi per spiegare la causa delle interruzioni, mentre i social media vengono utilizzati per aggiornamenti in tempo reale e per rispondere alle domande dei clienti.

Una comunicazione efficace durante una crisi è essenziale per gestire la percezione pubblica e mantenere la fiducia nelle parti interessate. Essere preparati, chiari, onesti e coerenti nella comunicazione può aiutare a guidare un'azienda attraverso tempi difficili e verso una risoluzione positiva della crisi.

Valutare rapidamente la situazione e reagire in modo adeguato. Una risposta tempestiva può mitigare l'impatto della crisi.

### Apprendimento Post-Crisi

La fase post-crisi è tanto cruciale quanto la gestione della crisi stessa. È il momento in cui un'azienda può riflettere, apprendere e crescere dalla sua esperienza. Questo capitolo esplora come le aziende possono utilizzare la fase post-crisi come un'opportunità per migliorare e rafforzare la loro resilienza per il futuro.

### Analisi Retrospettiva della Crisi

*Debriefing:* Organizza sessioni di debriefing con i team coinvolti per discutere l'intera cronologia degli eventi, le azioni intraprese e le risposte della gestione.

*Identificazione dei Punti di Forza e Debolezza:* Riconoscere quali aspetti della risposta alla crisi hanno funzionato bene e quali aree necessitano di miglioramento. Ciò può includere valutare la preparazione, la comunicazione, la capacità di risposta e la gestione delle operazioni.

*Feedback da Parti Interessate:* Raccogliere feedback da dipendenti, clienti, fornitori e altri stakeholder per ottenere una visione completa dell'impatto della crisi e della percezione della risposta dell'azienda.

## Applicazione delle Lezioni Apprese

*Aggiornamento dei Piani di Emergenza:* Utilizzare le informazioni raccolte per rafforzare e aggiornare i piani di emergenza e le procedure di risposta alle crisi.

*Formazione e Sviluppo:* Sviluppare programmi di formazione basati sulle lezioni apprese per migliorare la preparazione e la capacità di risposta del personale in futuro.

*Miglioramento della Comunicazione:* Implementare modifiche nelle strategie e nei canali di comunicazione per garantire una comunicazione più efficace in futuro.

## Costruire Resilienza

*Cultura Organizzativa:* Promuovere una cultura aziendale che valorizzi l'apprendimento continuo e la resilienza. Ciò include incoraggiare una mentalità aperta al cambiamento e all'adattamento.

*Investire in Risorse:* Considerare investimenti in tecnologie, infrastrutture o risorse umane che possano aumentare la resilienza aziendale.

*Creazione di una Rete di Supporto:* Stabilire o rafforzare le reti di supporto con altre aziende, organizzazioni di settore e autorità locali.

*Esempi:*

*Azienda Manifatturiera:* Dopo un'interruzione della catena di fornitura, un'azienda manifatturiera potrebbe decidere di diversificare i suoi fornitori e creare un magazzino di emergenza per componenti critici.

*Azienda IT:* In seguito a un attacco informatico, un'azienda IT potrebbe rivedere e potenziare i suoi sistemi di sicurezza e formare il personale su pratiche di cybersecurity migliori.

La fase post-crisi offre un'opportunità unica per le aziende di apprendere e crescere. Analizzando cosa è successo e applicando le lezioni apprese, le aziende possono migliorare la loro preparazione e resilienza, riducendo così l'impatto di future crisi. Questo processo non solo migliora la capacità di gestione delle crisi, ma contribuisce anche a costruire una reputazione positiva come azienda reattiva e responsabile.

# 5.2. Etica e Responsabilità Sociale: Fare Affari con Coscienza

Questa parte esplora come le imprese possono operare in modo etico e socialmente responsabile, non solo per il bene della società ma anche per il successo a lungo termine del business.

## Pratiche Commerciali Etiche

In un panorama aziendale in continua evoluzione, le pratiche commerciali etiche non sono solo un imperativo morale, ma anche un fattore critico per il successo e la sostenibilità a lungo termine di un'impresa. Questa sezione si concentra su come le aziende possono implementare e mantenere norme e procedure che assicurino integrità, equità e rispetto per tutti gli stakeholder.

### Stabilire un Codice Etico Aziendale

*Definizione di Valori e Principi:* Sviluppare un codice etico che rifletta i valori fondamentali dell'azienda, fornendo linee guida chiare su comportamenti e pratiche accettabili.
*Coinvolgimento e Impegno della Leadership:* Assicurare che la direzione aziendale sia pienamente impegnata a sostenere e promuovere il codice etico, fungendo da modello per gli altri dipendenti.

*Comunicazione e Formazione:* Divulgare il codice etico a tutti i livelli dell'organizzazione e fornire formazione regolare per garantire che i dipendenti comprendano le loro responsabilità etiche.

## Monitoraggio e Applicazione delle Norme Etiche

*Procedure di Audit e Monitoraggio:* Implementare procedure regolari di audit e monitoraggio per assicurarsi che le pratiche aziendali rispettino il codice etico.

*Canali di Segnalazione*: Creare canali sicuri e confidenziali attraverso i quali i dipendenti possono segnalare potenziali violazioni etiche senza paura di ritorsioni.

*Gestione delle Violazioni:* Stabilire procedure chiare per indagare e gestire le violazioni del codice etico, inclusa l'applicazione di sanzioni appropriate.

## Promuovere la Responsabilità Sociale d'Impresa (CSR)

*Iniziative di CSR*: Sviluppare programmi di responsabilità sociale d'impresa che riflettano gli impegni etici dell'azienda, come progetti ambientali, iniziative di beneficenza o programmi di sviluppo comunitario.

*Stakeholder Engagement:* Coinvolgere attivamente gli stakeholder, inclusi clienti, fornitori e la comunità locale, nelle iniziative CSR e nelle decisioni aziendali.

*Trasparenza e Reporting:* Fornire report regolari sulle iniziative CSR e sulle prestazioni etiche dell'azienda, aumentando la trasparenza e la fiducia degli stakeholder.

*Esempi:*
*Azienda di Abbigliamento:* Una società di moda può adottare un codice etico che promuova la produzione sostenibile, il commercio equo e il lavoro dignitoso, assicurandosi che i fornitori rispettino questi standard.

*Compagnia Tecnologica:* Un'impresa tecnologica potrebbe implementare politiche rigorose per la protezione dei dati e la privacy dei clienti, assicurando che tutte le operazioni siano in linea con le normative legali e etiche.

Le pratiche commerciali etiche sono fondamentali per costruire una reputazione positiva, mantenere la fiducia degli stakeholder e garantire il successo a lungo termine. Adottando un approccio proattivo all'etica aziendale, le aziende possono navigare il panorama commerciale moderno con integrità e responsabilità.

## Sostenibilità e Impatto Ambientale: Verso un Futuro Eco-Responsabile

In un'epoca in cui la sostenibilità è diventata una priorità globale, le aziende sono chiamate a ridurre il loro impatto ambientale e a contribuire attivamente alla protezione del pianeta. Questa sezione esplora come le imprese possono integrare pratiche sostenibili nelle loro operazioni per ridurre l'impronta di carbonio, utilizzare le risorse in modo efficiente e supportare la biodiversità.

### Riduzione dell'Impronta di Carbonio

*Energia Rinnovabile*: Investire in fonti di energia rinnovabile, come solare, eolico o geotermico, per alimentare le operazioni aziendali. Considerare anche l'acquisto di crediti di carbonio per compensare le emissioni.

*Efficienza Energetica*: Implementare misure per migliorare l'efficienza energetica, come l'aggiornamento a sistemi di illuminazione a LED, l'isolamento degli edifici e l'ottimizzazione dei processi industriali.

*Mobilità Sostenibile:* Promuovere l'uso di mezzi di trasporto a basso impatto, come veicoli elettrici o car-sharing per i dipendenti, e ottimizzare la logistica per ridurre le emissioni nei trasporti.

## Uso Efficiente delle Risorse

*Riduzione dei Rifiuti:* Implementare pratiche per ridurre i rifiuti, come il riciclaggio, il compostaggio e il riutilizzo dei materiali. Promuovere una politica di "zero rifiuti" all'interno dell'azienda.

*Catena di Approvvigionamento Sostenibile:* Collaborare con fornitori che aderiscono a pratiche sostenibili e considerare l'origine e la produzione dei materiali utilizzati.

*Conservazione dell'Acqua:* Adottare tecnologie e pratiche per ridurre il consumo di acqua, come sistemi di irrigazione efficienti e tecnologie di riciclo dell'acqua.

## Supporto alla Biodiversità

*Tutela degli Ecosistemi Naturali:* Partecipare a iniziative per la conservazione degli habitat, come la riforestazione o il supporto a progetti di conservazione della fauna selvatica.

*Giardinaggio Sostenibile e Aree Verdi:* Creare spazi verdi sostenibili nei luoghi di lavoro, come giardini sul tetto o aree verdi che favoriscano la biodiversità.

*Educazione e Sensibilizzazione:* Sensibilizzare dipendenti e clienti sull'importanza della biodiversità e su come possono contribuire individualmente alla sua tutela.

*Esempi:*

*Azienda Manifatturiera*: Un'azienda produttrice potrebbe ridurre le emissioni di $CO_2$ ottimizzando i processi produttivi e utilizzando energia rinnovabile. Potrebbe anche introdurre un programma di riciclaggio completo per ridurre i rifiuti.

*Azienda di Servizi:* Un'impresa nel settore dei servizi può introdurre politiche per il lavoro da remoto per ridurre le emissioni legate ai pendolarismi e adottare soluzioni digitali per diminuire l'uso della carta.

L'adozione di pratiche aziendali sostenibili rappresenta un passo essenziale verso la riduzione dell'impatto ambientale e la promozione di un futuro più verde. Queste iniziative non solo contribuiscono alla salute del pianeta, ma migliorano anche la reputazione aziendale e possono generare benefici economici a lungo termine.

## Coinvolgimento Comunitario

Il coinvolgimento attivo nella comunità locale è un aspetto fondamentale della responsabilità sociale d'impresa. Le aziende, agendo come cittadini globali responsabili, possono avere un impatto significativo sullo sviluppo e il benessere delle comunità in cui operano. Di seguito analizzeremo come le imprese possono contribuire attivamente al miglioramento della società attraverso varie iniziative.

### Volontariato e Supporto alla Comunità

*Programmi di Volontariato Aziendale:* Incoraggiare i dipendenti a partecipare in attività di volontariato, offrendo giorni retribuiti per il volontariato o organizzando eventi di gruppo per supportare progetti comunitari.

*Partnership con Organizzazioni Non Profit*: Stabilire partenariati con organizzazioni no-profit locali per supportare cause importanti, come l'istruzione, la salute, la riduzione della povertà e la tutela dell'ambiente.

*Supporto in Situazioni di Emergenza*: Fornire assistenza in situazioni di emergenza, come disastri naturali, attraverso donazioni, risorse e supporto logistico.

## Donazioni e Sponsorizzazioni

*Programmi di Donazione:* Creare programmi di donazione che possano sostenere cause locali, scuole, ospedali e altre istituzioni che beneficiano la comunità.

*Sponsorizzazioni di Eventi Locali:* Sponsorizzare eventi culturali, sportivi o educativi che arricchiscono la vita comunitaria e promuovono il coinvolgimento sociale.

*Matching Gift Programs:* Implementare programmi in cui l'azienda corrisponde alle donazioni fatte dai dipendenti a enti benefici, raddoppiando l'impatto delle loro contribuzioni.

## Iniziative di Sviluppo Comunitario

*Programmi Educativi e di Formazione:* Supportare iniziative educative locali, come borse di studio, programmi di mentorship o corsi di formazione professionale, per migliorare le competenze e le opportunità nella comunità.

*Progetti di Sviluppo Economico Locale:* Contribuire allo sviluppo economico della comunità attraverso investimenti in piccole imprese, start-up locali o progetti di infrastruttura che generano occupazione.

*Iniziative Ambientali Locali:* Partecipare o avviare progetti per la salvaguardia dell'ambiente locale, come la piantumazione di alberi, la pulizia di parchi e corsi d'acqua o campagne di sensibilizzazione ambientale.

*Esempi:*
*Azienda Tecnologica:* Una società tech potrebbe partecipare a programmi di alfabetizzazione digitale nelle scuole locali, fornendo tecnologia e formazione agli studenti.

*Impresa di Produzione:* Un'azienda di produzione potrebbe sponsorizzare un evento sportivo locale, contribuendo alla salute e al benessere della comunità, o partecipare a iniziative per la riduzione dell'impatto ambientale nella zona industriale in cui opera.

Il coinvolgimento comunitario non solo aiuta a costruire un legame forte tra l'azienda e la comunità locale, ma promuove anche un senso di responsabilità e appartenenza tra i dipendenti. Attraverso queste azioni, le aziende possono avere un impatto positivo sulla società, migliorando la loro immagine pubblica e contribuendo al loro successo a lungo termine.

## Trasparenza e Responsabilità: Punti Chiave per un Business Etico

La trasparenza e la responsabilità sono due pilastri fondamentali per qualsiasi azienda che mira a operare in modo etico e sostenibile. Qui esamineremo come le aziende possono implementare queste pratiche per rafforzare la fiducia degli stakeholder e migliorare la loro reputazione e performance a lungo termine.

## Implementazione della Trasparenza nelle Operazioni

*Divulgazione Aperta delle Informazioni*: Assicurarsi che le informazioni importanti relative alle operazioni aziendali, come le politiche interne, le decisioni finanziarie e gli impatti ambientali, siano accessibili e comprensibili agli stakeholder.

*Rapporti Trasparenti*: Produrre rapporti regolari che dettaglino le performance aziendali, compresi aspetti finanziari, sociali e ambientali. Questo può includere rapporti di sostenibilità, bilanci sociali o relazioni annuali.

*Comunicazione Chiara delle Politiche:* Comunicare chiaramente le politiche aziendali su questioni critiche come la sostenibilità, la responsabilità sociale, l'etica del lavoro e la gestione delle risorse.

## Promuovere la Responsabilità Aziendale

*Responsabilità dei Leader Aziendali*: Assicurare che i dirigenti e i manager siano responsabili delle loro decisioni e azioni. Ciò include la valutazione delle loro prestazioni anche in base a criteri etici e di sostenibilità.

*Coinvolgimento degli Stakeholder*: Coinvolgere attivamente gli stakeholder nelle decisioni aziendali che possono influenzarli. Questo può includere incontri regolari con la comunità, sondaggi di opinione e comitati consultivi.

*Gestione Etica delle Risorse*: Assumersi la responsabilità per una gestione etica delle risorse aziendali, compresa la catena di approvvigionamento, le risorse umane e le pratiche ambientali.

## Monitoraggio e Valutazione

*Audit e Controlli Interni*: Condurre audit regolari e controlli interni per monitorare la conformità alle politiche aziendali e alle normative vigenti.

*Valutazione dell'Impatto*: Valutare l'impatto delle operazioni aziendali sulla società e sull'ambiente e prendere misure correttive quando necessario.

*Feedback e Miglioramento Continuo*: Raccogliere e analizzare i feedback degli stakeholder per migliorare continuamente le pratiche aziendali.

*Esempi:*

*Azienda nel Settore Alimentare:* Un produttore di alimenti potrebbe pubblicare rapporti dettagliati sull'origine degli ingredienti, le politiche di sostenibilità e gli impatti ambientali delle sue operazioni.

*Compagnia Tecnologica:* Un'azienda di software potrebbe implementare processi trasparenti per la gestione dei dati dei clienti, comunicando chiaramente come vengono raccolti, utilizzati e protetti i dati.

La trasparenza e la responsabilità sono essenziali per costruire e mantenere la fiducia degli stakeholder e per garantire un'operatività aziendale etica. Queste pratiche non solo migliorano l'immagine e la reputazione di un'azienda, ma contribuiscono anche al suo successo e alla sua sostenibilità a lungo termine.

# 5.3. Evitare le Trappole dei Guru: Pensare Criticamente e Agire Indipendentemente

In quest'ultima parte, facciamo riferimento al titolo principale del nostro libro: un argomento, quello dei guru, assai attuale e pieno di inganni. La figura del "guru" nel mondo digitale è complessa e sfaccettata, spesso avvolta in un'aura di autorità e conoscenza. Questi esperti del business online, con la loro influenza pervasiva, possono sembrare guide infallibili nel labirinto dell'informazione digitale. Tuttavia, è essenziale riconoscere il pericolo di affidarsi troppo a queste figure.

Il rischio principale è quello della dipendenza: quando si inizia a dipendere esclusivamente dalle opinioni e dalle analisi di un numero ristretto di esperti, si rischia di limitare il proprio orizzonte di pensiero e di adottare una visione monoculare. Questo può portare a una mancanza di diversità nelle prospettive e a una ridotta capacità di pensare in modo indipendente e critico.

Inoltre, in un'epoca in cui l'autenticità online è sempre più difficile da discernere, alcuni cosiddetti guru possono essere mossi più da interessi personali o commerciali che da un desiderio genuino di condividere conoscenza o guidare gli altri. Questa realtà rende ancora più cruciale lo sviluppo del pensiero critico, non solo come una competenza, ma come un fondamento essenziale per navigare con discernimento nel mondo digitale.

Il pensiero critico ci consente di analizzare le informazioni, di valutare le fonti e di formulare conclusioni basate su un'analisi oggettiva e ponderata, piuttosto che su un'acritica accettazione di ciò che ci viene presentato. Ci insegna a porre domande, a sfidare presupposti e a cercare prove prima di accettare qualsiasi affermazione, indipendentemente dalla reputazione di chi la fa.

In "Liberati dai guru", sottolineiamo l'importanza dell'azione indipendente e dell'autonomia nel pensiero. Questo non significa rifiutare l'esperienza degli esperti, ma piuttosto imparare a bilanciare il loro consiglio con la nostra analisi critica e intuizione. In questo modo, possiamo trasformare il nostro viaggio imprenditoriale un'esperienza più ricca e multidimensionale, dove siamo capaci non solo di consumare informazioni, ma anche di contribuire attivamente alla conversazione globale con le nostre prospettive uniche.

Il nostro libro, quindi, è un invito a un viaggio di scoperta e di crescita, dove il pensiero critico e l'autonomia diventano le bussola e il timone che ci guidano attraverso il mare in continua evoluzione.

## Valutazione Critica delle Informazioni
## Navigare nel Mare dei Consigli Aziendali

In un'epoca di sovrabbondanza di informazioni e consigli di "esperti", è fondamentale per le aziende sviluppare la capacità di valutare criticamente i suggerimenti e le strategie proposte. Questo capitolo affronta come le imprese possono discernere tra consigli utili e quelli meno pertinenti, evitando di cadere nelle trappole dei cosiddetti guru del business.

### Comprendere il Contesto Unico dell'Azienda

*Analisi Interna:* Prima di adottare qualsiasi consiglio o strategia, valuta come essi si allineano con la tua situazione specifica. Considera la tua dimensione aziendale, la cultura, le risorse, il mercato target e gli obiettivi a lungo termine.

*Storia e Valori dell'Azienda:* Rifletti su come le strategie suggerite si integrano con la storia e i valori della tua azienda. Una soluzione che ha funzionato per un'impresa in un settore potrebbe non essere altrettanto efficace in un altro contesto.

## Tecniche per la Valutazione Critica

*Analisi delle Fonti*: Valuta la credibilità e l'esperienza della fonte che fornisce il consiglio. Considera il loro background, le realizzazioni e le competenze specifiche.

*Confronto e Contrasto:* Confronta i consigli ricevuti con le tue ricerche e conoscenze. Cerca casi di studio o esempi reali che dimostrino l'efficacia delle strategie proposte.

*Pensiero Critico e Domande:* Poni domande critiche. Analizza i potenziali rischi e benefici, e considera possibili alternative.

## Implementazione e Sperimentazione

*Approccio Graduale:* Invece di adottare drasticamente nuove strategie, inizia con piccoli test o progetti pilota. Questo permette di valutare l'efficacia delle nuove idee senza rischiare significativi investimenti.

*Misurazione e Valutazione:* Stabilisci metriche chiare per valutare il successo delle nuove strategie. Analizza i dati e adatta l'approccio in base ai risultati.

## Evitare le "Soluzioni Universali"

*Scetticismo Sano*: Mantieni un sano scetticismo verso soluzioni che vengono vendute come universali o miracolose. La realtà aziendale è troppo complessa per soluzioni "taglia unica".
*Consultazione con Esperti Interni*: Collabora con i membri del tuo team che possono avere una comprensione profonda delle sfide e delle opportunità specifiche della tua azienda.

*Esempi Pratici*:
*Startup Tecnologica*: Una startup nel settore tecnologico potrebbe essere tentata di seguire i consigli di un famoso imprenditore. Tuttavia, prima di implementare questi suggerimenti, è essenziale valutare se si allineano con le risorse limitate e gli obiettivi di crescita della startup.

*Azienda Manifatturiera:* Una società di produzione potrebbe valutare criticamente i consigli sulla digitalizzazione. Sebbene la digitalizzazione possa portare benefici, l'azienda deve considerare attentamente le implicazioni per la sua forza lavoro e le operazioni esistenti.

Il pensiero critico e l'approccio indipendente sono essenziali nell'adottare consigli e strategie nel mondo degli affari. Valutare criticamente le informazioni, comprendere il contesto unico dell'azienda e procedere con un approccio sperimentale può aiutare le imprese a navigare efficacemente nel mare dei consigli aziendali.

## Fiducia nelle Proprie Competenze
## Fondamento della Leadership Aziendale

Nel panorama aziendale di oggi, caratterizzato da un flusso costante di consigli e tendenze, è cruciale per i leader e i manager sviluppare fiducia nelle proprie competenze e capacità decisionali. Questo capitolo esplora come gli imprenditori e i dirigenti possono coltivare la fiducia in se stessi e utilizzare la consulenza esterna in modo efficace, evitando di affidarsi eccessivamente ad essa.

## Rafforzare le Capacità Decisionali

*Autovalutazione e Sviluppo Continuo:* Rifletti regolarmente sulle tue competenze e punti di forza. Identifica aree di crescita e impegna te stesso in apprendimento e sviluppo continui.
*Esperienza Pratica:* La fiducia si costruisce attraverso l'esperienza. Affronta nuove sfide e impara dalle esperienze, sia positive che negative.

*Feedback Costruttivo*: Cerca feedback costruttivo dai colleghi, dai mentori e dai dipendenti. Il feedback può fornire insight preziosi sulla tua leadership e sulle aree di miglioramento.

## Utilizzo Efficace della Consulenza Esterna

*Valutazione Critica dei Consigli*: Ascolta i consigli degli esperti, ma valutali sempre in base al contesto specifico della tua azienda. Non ogni consiglio è applicabile o utile per ogni situazione.

*Complementare, Non Sostitutivo*: Considera i consigli degli esperti come un complemento alle tue conoscenze e intuizioni, non come una sostituzione. La decisione finale dovrebbe sempre basarsi sulla tua valutazione e comprensione della situazione.

## Sviluppo di Leadership Indipendente

*Confidare nelle Proprie Intuizioni*: Sviluppa la capacità di fidarti delle tue intuizioni, soprattutto quando si tratta di prendere decisioni difficili. Spesso, l'intuizione è il frutto dell'esperienza e della conoscenza implicita.

*Decisioni Basate sui Dati*: Utilizza dati e analisi per informare le tue decisioni. La fiducia nelle proprie capacità non esclude un approccio basato sui dati.

## Promozione della Cultura dell'Autonomia

*Empowerment dei Dipendenti:* Incoraggia i dipendenti a prendere iniziative e a fidarsi delle loro capacità. Una cultura che valorizza l'autonomia e l'innovazione può portare a migliori prestazioni aziendali.

*Leadership Partecipativa:* Adotta uno stile di leadership che incoraggi la partecipazione e la condivisione delle idee. Questo non solo migliora la morale, ma anche stimola un pensiero innovativo e indipendente all'interno del team.

*Esempi Pratici*

*CEO di una Startup:* Il CEO di una startup nel settore tecnologico potrebbe utilizzare la consulenza di un esperto di mercato per comprendere meglio il panorama competitivo, ma prende decisioni strategiche basandosi sulla conoscenza approfondita del suo prodotto e del suo pubblico.

*Manager di un Team Creativo*: Un manager di un team creativo incoraggia i membri del team a sperimentare e proporre nuove idee, anche se ciò significa deviare dai consigli standard del settore.

Mentre i consigli degli esperti possono essere preziosi, la fiducia nelle proprie capacità e la capacità di prendere decisioni indipendenti sono fondamentali per il successo di una leadership efficace. Coltivare questa fiducia e promuovere un ambiente di lavoro che valorizzi l'autonomia e il pensiero critico può portare a decisioni più informate e risultati aziendali migliori.

## Personalizzazione delle Strategie: Adattare le Best Practices alle Esigenze Aziendali

In un mondo aziendale dove le "best practices" vengono spesso presentate come soluzioni universali, è essenziale che le aziende adattino queste strategie alla loro situazione unica. Questo capitolo discute l'importanza della personalizzazione delle strategie per assicurare che siano in linea con le specifiche esigenze, cultura e obiettivi della propria azienda.

### Analisi e Comprensione del Contesto Aziendale

*Valutazione Interna:* Prima di adottare qualsiasi strategia esterna, esegui un'analisi approfondita delle tue operazioni interne. Comprendi le tue forze, debolezze, opportunità e minacce (analisi SWOT).

*Comprensione della Cultura Aziendale:* Considera come le strategie proposte si adattino o possano essere adattate alla cultura aziendale esistente. Il successo di una strategia può dipendere fortemente dalla sua congruenza con la cultura organizzativa.

*Esigenze Specifiche del Mercato:* Analizza il tuo mercato target, compreso il comportamento del consumatore, le tendenze del settore e i requisiti normativi, per assicurare che le strategie siano pertinenti.

## Personalizzazione delle Best Practices

*Adattamento delle Strategie:* Modifica le best practices per rispecchiare le realtà e le esigenze uniche della tua azienda. Ciò può includere l'adattamento di strategie di marketing, operazioni, gestione delle risorse umane e innovazione.

*Sperimentazione e Iterazione:* Non esitare a sperimentare con diverse versioni di una strategia e a iterare in base ai risultati. Il processo di prova ed errore è fondamentale per trovare l'approccio giusto.

*Feedback e Valutazione Continui:* Raccogli feedback costantemente dai dipendenti, clienti e altri stakeholder. Utilizza questi dati per rifinire e migliorare le strategie.

## Integrazione con Strategie Esistenti

*Coerenza con gli Obiettivi Aziendali:* Assicurati che le nuove strategie si allineino con gli obiettivi a lungo termine dell'azienda. Evita di adottare pratiche che possano deviare dai tuoi obiettivi centrali.

*Integrazione Graduale:* Integra le nuove strategie gradualmente, consentendo ai dipendenti di adattarsi e fornendo il tempo per valutare l'efficacia di ogni cambiamento.

*Esempi Pratici:*
Servizio Clienti in un'Impresa di Servizi: Una società di servizi potrebbe sviluppare un approccio unico al servizio clienti che rifletta la sua cultura aziendale e le aspettative dei suoi clienti, piuttosto che adottare modelli standard.

La personalizzazione delle strategie è cruciale per assicurare che le best practices siano effettivamente utili e applicabili. Adattando le strategie alle specifiche esigenze aziendali e contesti, le imprese possono massimizzare l'efficacia delle loro operazioni e strategie, conducendo a un successo sostenibile.

## Apprendimento Continuo e Adattabilità

L'apprendimento continuo e l'adattabilità sono diventati requisiti fondamentali per il successo e la sopravvivenza delle imprese. Questo capitolo sottolinea l'importanza di coltivare una cultura aziendale che valorizzi l'apprendimento costante e la flessibilità per navigare in un ambiente di mercato in costante evoluzione.

## Promuovere una Cultura dell'Apprendimento Continuo

*Formazione e Sviluppo:* Incoraggiare e facilitare opportunità di formazione continua per i dipendenti. Ciò può includere workshop, corsi online, seminari e conferenze.

*Apprendimento Incrociato:* Promuovere l'apprendimento incrociato all'interno dell'organizzazione, permettendo ai dipendenti di esplorare diverse aree dell'azienda e acquisire nuove competenze.

*Feedback e Riflessione:* Creare un ambiente in cui il feedback è visto come un'opportunità per crescere e migliorare, incoraggiando i dipendenti a riflettere regolarmente sulle loro esperienze e apprendimenti.

## Sviluppare la Capacità di Adattarsi

*Flessibilità nelle Strategie e nelle Operazioni:* Essere pronti a modificare strategie e operazioni in risposta a nuovi trend di mercato, tecnologie emergenti e cambiamenti nelle preferenze dei consumatori.

*Gestione del Cambiamento:* Implementare processi efficaci di gestione del cambiamento per guidare e supportare i dipendenti attraverso transizioni e innovazioni.

*Anticipazione delle Tendenze:* Restare aggiornati sulle ultime tendenze del settore e sviluppare la capacità di anticipare i cambiamenti del mercato.

## Integrare l'Innovazione nel DNA Aziendale

*Sperimentazione e Innovazione:* Incoraggiare una mentalità di sperimentazione e tolleranza verso il fallimento. L'innovazione spesso nasce dal provare nuovi approcci e imparare dai fallimenti.

*Collaborazione e Condivisione della Conoscenza:* Promuovere la collaborazione e la condivisione della conoscenza all'interno dell'organizzazione, così come con partner esterni, per stimolare idee innovative.

*Esempi:*

*Azienda Tecnologica:* Un'azienda nel settore tech potrebbe incoraggiare i dipendenti a partecipare regolarmente a hackathon e workshop tecnologici per rimanere all'avanguardia nelle tecnologie emergenti.

*Retailer*: Un'azienda di retail potrebbe implementare programmi di rotazione del personale per permettere ai dipendenti di acquisire una comprensione olistica del business e sviluppare una maggiore flessibilità nel pensare e agire.

Fornendo opportunità di formazione, promuovendo la flessibilità e sostenendo l'innovazione, le aziende possono non solo rimanere competitive, ma anche guidare il cambiamento nel loro settore.

# Conclusione

In conclusione, "Liberati dai Guru: Una Guida Pratica per Costruire il Tuo Successo Aziendale" è più di un semplice manuale; è un invito a riscoprire e valorizzare la tua unicità nel mondo degli affari. Navigando attraverso le sue pagine, abbiamo esplorato insieme il significato profondo di guidare un'impresa non solo con competenza, ma anche con autenticità e consapevolezza critica. La chiave per non cadere nelle trappole dei guru del business non sta nell'adottare acriticamente formule magiche o strategie standardizzate, ma nell'applicare un pensiero critico, personalizzare le strategie e rimanere aperti all'apprendimento continuo e all'adattabilità.

Il viaggio imprenditoriale, come ogni grande avventura, è pieno di incertezze e sfide. Tuttavia, è proprio in questo paesaggio mutevole che la tua capacità di ascoltare la tua voce interiore, di fidarti delle tue competenze e di adattarti agilmente alle situazioni emergenti, diventa il tuo più grande vantaggio competitivo. Questo libro spera di averti fornito gli strumenti non solo per sopravvivere, ma per prosperare nel tuo contesto aziendale, rispettando al contempo valori di etica, responsabilità sociale e sostenibilità.

Mentre chiudi quest'ultima pagina e ti appresti a tornare alla tua vita imprenditoriale quotidiana, ricorda che il successo aziendale è un percorso tanto individuale quanto universale. Ogni decisione che prendi, ogni strategia che personalizzi, ogni rischio che affronti con coraggio, contribuisce a definire la tua unica storia di successo. Lascia che la tua impresa sia un riflesso della tua visione, della tua passione e del tuo impegno per un impatto positivo nel mondo.

Perciò, vai avanti con fiducia e indipendenza. Sii il leader che il tuo business necessita, uno che, liberato dalle catene dei consigli generici e delle mode passeggere, può navigare con saggezza, intuito e un forte senso di scopo. Il tuo viaggio imprenditoriale è tanto unico quanto prezioso, e il mondo attende con impazienza di vedere dove ti porterà la tua visione.